어느 평범한 직장인의

팔로워

1만 명

만들기

바른북스

어느 평범한 직장인의 팔로워 1만 명 만들기

최동미 지음

CREATE YOUR STORY
CONNECT YOUR WORLD
BUILD YOUR BRAND!

프롤로그

링크드인 팔로워가 8천 명이 된 어느 날, 넥스트라이즈 행사가 열리는 코엑스에 서둘러 도착했다. 스타트업 투자유치와 글로벌 진출을 담당하고 있던 나는 네트워킹을 잘하고 와야지 단단히 마음을 먹고 떨리는 마음으로 행사장으로 진입.

이런 큰 규모의 글로벌 스타트업 행사에 참여할 기회는 자주 없었기 때문에 재빨리 지나가는 사람들의 명찰을 스캔하고 한 벤처캐피털리스트에게 다가가 명함을 내민 순간,

"어? 그분이시죠? 링크드인!"
"아, 네 맞습니다. 반갑습니다."

　함께 말씀을 나누고 자리를 나서려는데 또 다른 분이 다가오셔서 함께 사진 찍을 것을 요청해 주셨다. 사진을 찍어 그분을 태그해 링크드인에 포스팅한 후 몇 분이 지났을까? 세 분께서 링크드인 메시지로 위치를 물으시고는 찾아오셨고 함께 앉아 명함을 교환하였다.

　그 주 나의 포스팅은 링크드인에서 무려 85,000회가 조회되었고 현재까지도 가장 많은 수의 조회 기록으로 남아 있다.

　더 이상 누군가에게 나에 대해 길게 설명할 필요가 없다는 사실을 알게 된 그 순간을 평생 잊을 수 없을 것이다.

　2023년 기준 200개 국가에서 9억 5천만 명이 쓰고 있는 비즈니스 인맥 플랫폼 링크드인은 한국에서는 현재 가입자 수가 300만 명을 넘는다. (출처: 링크드인)

　한국에서는 채용전문가와 글로벌 기업 경력자들이 먼

저 사용하기 시작했지만 현재는 인사, 마케팅, IT 등 각 전문가 그룹을 중심으로 전문지식 교류를 통한 업무력 향상에 활용하고 있고 기업의 영업 담당자들 또한 글로벌 비즈니스 기회를 잡기 위해 지금도 이 시간에도 접속하여 활발히 활동하고 있다.

1천 명에서 수만 명의 팔로워를 가진 '마이크로 인플루언서'는 10만~100만 명의 팔로워를 보유한 '메가 인플루언서'에 비해서는 작은 숫자이지만 자신의 전문 분야 커뮤니티 내에서 강한 영향력을 발휘하고 있어 최근 많은 주목을 받고 있다.

누구나 조금만 노력한다면 마이크로 인플루언서가 될 수 있고 업계, 커뮤니티 내의 영향력을 바탕으로 업무 지식 습득이나 비즈니스 네트워크 구축 또한 가능하다.

만약 3년 이상 한 분야에서 전문성을 가진 사람이라면 나름의 지식과 경험을 활용해 자신만의 콘텐츠를 생성할 수 있을 것이다. 이러한 전문 분야 콘텐츠 크리에이터 활동이 인플루언서로 성장하는 기폭제로 작용한다는 점 또한 필자의 실제 사례를 통해 보여드릴 것이다.

만약 업계에 자신의 이름을 알리기 원한다면 전략적인 네트워킹과 함께 업계 주요 인사들의 관심을 끌 수 있어야 한다. 이때, 링크드인에서의 다양한 포스팅 활동과 그 영향력은 나를 신뢰감 있는 전문가로 비치게 해 업계의 이목을 집중시킬 수 있다.

전문성을 바탕으로 누구나 자신만의 콘텐츠를 만들 수 있다는 것, 그리고 링크드인이라는 플랫폼을 활용해 퍼스널 브랜딩이라는 목표를 생각보다 쉽게 달성할 수 있다는 것을 필자는 경험했고 이것이 이 책을 집필하게 된 가장 큰 계기가 되었다.

자신이 속한 분야에서 인플루언서가 될 수 있다면 전문가 네트워크에서 더 많은 정보 습득이 가능해지고 더불어 개인과 그 개인이 속한 기업의 업무 생산성과 효율성 또한 높일 수 있다.

이제 2년이라는 짧은 기간의 링크드인 활동과 콘텐츠 크리에이터 도전을 통해 스타트업과 투자 연계 전문가로서 퍼스널 브랜딩에 성공하게 된 전 과정을 보여드리고자 한다.

개인의 성장이 기업의 발전에도 직접적인 도움이 될 수 있기에 개인과 기업 모두에게 '글로벌 플랫폼 링크드인에서 브랜딩'이라는 목표에 도전할 것을 권하고 싶다.

　책 속에는 나와 자주 소통하고 긍정적인 에너지를 나누어 주시는 각자 전문 분야를 가진 링크드인 인플루언서들의 이야기도 포함되어 있다. 흔쾌히 이야기를 실을 수 있도록 허락해 주신 링크드인 친구분들께 감사의 마음을 전하고 싶다.

목차

Part 7.

평범한 직장인, 글로벌 네트워퀸 되다

글로벌 기업가

생명과학 및 IT 분야 전문가

스타트업 글로벌 생태계 전문가

콘텐츠 크리에이터

글로벌 네트워킹 전문가

에필로그

Part 1

평범한
직장인,
인플루언서를
꿈꾸다

링크드인에 접속하다

　2021년 8월, 나는 회사 일에 푹 빠져 지내고 있었다. 스타트업과 관련된 일은 흥미로웠고 새로운 프로젝트를 기획하고 실행까지 마무리하고 나면 언제나 뿌듯함이 밀려왔다. 그래서인지 끊임없이 새로운 일을 기획하고 실행하기를 반복했다.

　그러던 어느 날 한 가지 문제가 있음을 깨닫게 되었다. 그것은 바로 회사 밖을 나가면 내가 하는 일이나 내가 속한 조직을 설명하는 데만 수 분이 걸린다는 사실이었다. 그리고 대부분 '나'란 사람에 대한 소개나 설명은 시작도 못 한 채 명함만 교환하고 끝나는 경우가 많았다.

나를 더 힘들게 했던 것은 이 좁다면 좁은 스타트업 생태계에서조차 나의 존재를 모르는 사람들이 많다는 사실이었다.

'7년간 정말 열심히 일해왔는데… 나를 아는 사람이 별로 없네?'

스타트업 분야에선 어떤 일을 하든지 네트워크가 가장 중요하다. 우리 회사에서 투자한 기업의 후속 투자를 유치하기 위해서는 벤처캐피털과의 접점을 늘려야 한다. 그리고 초기기업 투자유치를 위해선 스타트업의 언론홍보나 마케팅 관계자와의 네트워킹도 중요하다. 최근엔 스타트업의 글로벌 진출에 대한 필요성이 부각되어 글로벌 네트워크가 점점 더 중요해지고 있다.

이 모든 사람이 다 같이 모여 있는 곳, 링크드인.

어느 날, 나는 이런 생각을 했고 가입 후 잠자고 있던 나의 계정에 다시 접속했다.

'링크드인을 한번 시작해 볼까?'

팔로워 100명 만들기

필자는 언제나 인맥을 소중히 여겼기 때문에 꽤 많은 명함을 가지고 있었다. 현재도 4,000장 이상의 온라인 명함을 보유하고 있어 한 명함 앱에서 부여하는 '우주 인맥왕' 등급을 이미 넘어서기도 했다.

일단 내 소중한 명함들의 정보를 이메일 계정의 연락처에 입력했다. 링크드인에는 이메일 계정정보 끌어오기 기능이 있어 링크드인에 가입한 사람 모두에게 한 번에 1촌 신청을 할 수 있었다.

그분들과는 이미 일면식이 있었고 링크드인을 사용하

는 비율은 전체 명함에서 10% 정도였기 때문에 이로써 소중한 나의 1촌 100명이 만들어지게 된 것이다.

링크드인 가입과 동시에 0명으로 시작한다면 심리적으로 조금 힘들 수 있다. 따라서 계정을 만든다면 이미 가지고 있는 이메일 정보 연동 기능을 활용해 최소 50명에서 100명을 만들어 시작하는 것을 권한다.

현재 이메일과 같은 연락처를 많이 보유하고 있지 않거나 원하는 네트워크를 새롭게 만들고 싶은 분이라면 해당 사용자의 프로필과 경력 사항 등을 바탕으로 1촌을 추천해 주는 기능을 제공하고 있으니 걱정할 필요는 없다.

첫 페이지 상단의 인맥 항목을 클릭하면 '대한민국 거주자들이 팔로우하는 사람', '○○대학교 출신', '테크놀로지, 인포메이션, 인터넷 종사자', '관심을 가지실 만한 그룹' 등 프로필 분석과 인맥 알고리즘을 바탕으로 자동으로 1촌을 추천해 주고 있으니 여기서부터 시작할 수 있을 것이다.

자 그럼, 팔로워 100명 만들기에 먼저 돌입해 보자.

링크드인 1촌 수락률을 높이는 방법

링크드인 1촌 수락률을 높이는 방법은 여러 가지가 있지만 경험상 아래의 4가지는 반드시 충족되어야 한다.

| 프로필 사진

전문성을 보여줄 수 있는 신뢰감 있는 사진 한 장만으로도 즉각적인 1촌 신청 수락을 얻어낼 수 있다.

자신이 속한 분야의 분위기를 보여주는 프로필 사진은 네트워크를 넓히는 데 상당히 도움된다. IT 기업에서 일하는 분들은 주로 캐주얼한 티셔츠 등을 입고 찍는 경우가 많다. 그리고 법률이나 영업 분야에서 일하시는 분들은 정장처럼 업계의 분위기에 맞는 의상이 빠른 1촌

확보에 도움이 된다.

최근엔 사진 속의 인물을 프로페셔널한 의상과 헤어 스타일로 멋지게 바꾸어 주는 AI 이미지 앱도 많이 출시되어 내가 보여주고 싶은 이미지로 자유롭게 생성이 가능하다.

필자는 사진관에 가서 프로필 사진을 촬영하였다. 사진을 찍을 때는 가족, 친구, 연인 등 자연스럽게 밝은 표정을 짓게 하는 사람과 동행하면 좋다. 프로필 속의 환한 웃음은 긍정적인 에너지가 있어 더 많은 사람에게 좋은 첫인상을 줄 수 있기 때문이다.

Ⅰ 기업 로고 및 페이지

상대방이 1촌을 수락할 때 프로필 사진을 본 후에는 오른쪽의 소속 기업의 로고와 회사명을 확인할 가능성이 높다.

현재 소속된 회사의 로고와 기업 페이지가 링크드인

에 존재한다면 1촌 수락을 얻기에 더 수월할 것이다. 만약 아직 우리 회사가 링크드인을 사용하지 않아 회사계정이 없다면 마케팅 부서와 상의해 기업 페이지를 생성할 것을 적극 권장한다.

필자도 실제로 아는 사람이 아닌데 프로필 사진이나 회사 로고가 없는 경우엔 1촌 신청을 잘 받아주지 않는 편이다.

빈칸으로 남겨진 로고 자리나 페이지 정보로는 당신이 연결되고자 하는 사람들을 설득하기 어렵다는 점 꼭 명심하자.

┃ 임팩트 있는 한 줄 프로필

개인 페이지에서 가장 작성이 까다로운 부분이 바로 한 줄 프로필이다. 하지만 다음의 사항들을 꼭 포함시킨다면 연결되고자 하는 사람을 나의 1촌으로 만들 수 있을 것이다.

1) 나의 전문 분야
2) 주목받기 원하는 나의 경력 분야
3) 관심 있는 인맥들이 속한 분야

필자도 업무 변화가 있을 때마다 수시로 한 줄 프로필을 수정해 왔다. 앞으로 링크드인 활용의 방향이 바뀐다면 그에 따라서 한 줄 프로필이 또다시 바뀌게 될 것이다.

Do it Now! | Tech Startup Accelerator in South Korea | +10K LinkedIn Influencer |
e27 Thought Leader | Startup Ecosystem Content Creator | Global Entrepreneurship | Connecting the Dots

어떻게 써야 할지 모르겠다면 우선 같은 업계의 비슷한 직무를 담당하는 사람들의 사례를 살펴보고 나만의 멋진 한 줄 프로필을 작성해 보자.

| 본인의 강점을 보여줄 웹페이지 링크

한 줄 프로필 아래에는 링크 1개를 추가로 올릴 수 있는 항목이 있다.

블로그나 SNS 등 원하는 링크를 올려둔다면 내가 하는 업무나 나에 대해 미래의 1촌에게 좀 더 상세하게 어필할 수 있을 것이다.

한 가지 주의해야 할 점은, 링크된 웹페이지의 내용이 불완전하다면 오히려 역효과를 일으킬 수 있기 때문에 잘 완성되지 않은 혹은 내용이 없는 링크라면 아예 입력하지 않는 편이 나을 수 있다.

필자는 스타트업 전문가로서의 글로벌 역량을 보여주기 위해 글로벌 스타트업-투자자 플랫폼 'e27'의 소개 페이지에 접속할 수 있는 링크를 걸어두었다.

이 링크를 클릭하면 필자에 대한 영문 소개와 함께 현재 'Thought Leader'로서 작성한 영문 아티클 2개를 볼 수 있다.

팔로워 500명 만들기

링크드인에서 500명이라는 숫자가 중요한 이유가 있다. 해외에서는 고객을 만나거나 투자자를 만날 경우 명함보다 링크드인 QR 코드를 바로 요청하는 경우가 많다. 이때 링크드인에서 500명 이상의 인맥이 있는지 없는지를 통해 비즈니스 관계나 투자 검토를 결정하는 경우도 있다고 한다. 왜냐하면 500명이라는 숫자는 너무 많거나 적지도 않은 적당한 수준의 업계 인맥을 가진 '능력 있고 네트워킹이 강한' 전문가라는 인상을 줄 수 있기 때문이다.

기업 페이지 또한 500명 이상의 팔로워를 가지고 있

다면 업계에서 어느 정도 자리를 잡은 회사라는 인상을 줄 수 있다.

필자도 이 500명의 1촌은, 앞으로 어떤 네트워크가 만들어질지에 대한 청사진이 되기 때문에 상당히 공을 들여 전략적으로 인맥을 만들어 갔다.

"나의 분야에 속한 사람들은?"
"미래 트렌드 분야에 속한 사람들은?"
"분야별 인플루언서들은?"

스스로에게 이런 질문들을 계속해 가며 조심스럽게 그리고 천천히 인맥을 넓혀나갔다.

만약 어떤 한 분야에서 인맥을 더 많이 넓히고 싶다면 관련 키워드를 가지고 집중적으로 1촌을 신청해 보자. 그리고 특별히 좋은 인맥을 가진 눈에 띄는 1촌 인맥이 생긴다면 그분의 2촌에게도 손을 내밀어 보자.

유유상종이라 하지 않던가. 활발하게 링크드인에서 활동도 하고 프로필도 정성껏 작성한 분을 발견한다면 간단한 자기소개와 함께 향후 협력이 가능한 부분에 대해서 언급해 보는 것이 좋다.

또한 사람들은 언제나 좀 더 나은 그리고 미래지향적인 네트워크를 원한다. 나를 조회했는데 1촌이 모두 내가 아는 사람뿐이라면 매력적으로 보이기 힘들 것이다. 가능하다면 70:30 정도의 비율로 관련 분야, 다른 분야의 사람들에게 1촌 신청을 하는 것을 권한다.

링크드인에서는 최대 3만 명까지만 서로 1촌을 맺을 수 있지만 팔로워의 숫자에는 제한이 없다. 1촌이 많아질수록 2촌의 숫자도 기하급수적으로 증가해 내가 연결되고자 하는 사람을 찾을 가능성이 더욱 높아진다.

무엇보다도 나의 전문성과 신뢰감을 보여줄 수 있는 500명의 인맥을 만들기 위해 부지런히 1촌을 신청해 보자.

TIP 2.

링크드인에서 네트워킹을 잘하는 방법

ㅣ 누군진 잘 모르지만, 이야기는 한번 나눠보겠습니다

잘 작성된 한 줄 프로필만으로도 국내외 전문가들과
연결될 가능성이 커지고 기업 또한 비즈니스 기회는 더
많아진다. 이 한 줄 프로필로 인해 필자는 해외 스타트
업 관련 기업에서 일주일에 한 번 내지 두 번 정도의 미
팅 요청을 받고 있다.

미팅 요청을 받는다면 커피챗(가벼운 온·오프라인 미
팅)을 먼저 시도해 보자. 미팅 장소로 이동해 직접 만나
는 번거로움이나 부담이 없는 온라인 커피챗이 요즘 유
저들 간에 수시로 이루어지고 있다. 이때 미팅의 목적과
관련 자료를 미리 요청한다면 좀 더 효율적인 미팅이 될
수 있다.

필자는 다양한 분야의 많은 사람들로부터 커피챗을 요청받고 있는데 이때 거절하기보다는 되도록 응해주는 편이다. 실제로 커피챗을 통해 사업 파트너를 찾을 수도 있었고 각 분야의 좋은 분들과도 연결될 수 있었다. 이 책의 Part 7에는 필자가 실제로 링크드인의 인연으로 알게 된 다양한 분야의 전문가들에 대한 이야기가 수록되어 있다.

Ⅰ 다른 분야의 사람들에게도 손을 내밀어 보자

앞으로 초융합의 시대가 온다고 한다. 링크드인에는 앞선 생각을 가지고 다가올 미래를 대비하는 인재들이 즐비하다.

미래의 성장이 크게 기대되는 업종, 분야의 사람들과 미리 연결될 기회를 제공하는 플랫폼이 바로 링크드인이기도 하다.

필자는 스타트업 외에도 ESG, AI, NFT, 메타버스 분야 등 전 세계의 다양한 전문가들과 1촌으로 연결되어 있다. 한번은 ChatGPT와 같은 생성형 AI 전문가의 책 출간 소식을 보고 인터뷰를 요청해 아티클을 작성한 적이 있었다. 그리고 한국에 방문한 실리콘밸리 스타트업 전문가와 1촌을 맺어 업무 지식도 얻을 수 있었다.

성장 가능성이 높은 비즈니스 분야의 링크드인 인맥을 통해 더 많은 정보를 얻을 수 있다는 사실을 인지하고 '아는 분야'를 벗어나 지속해서 다양한 사람들과의 네트워킹을 시도해 보자.

필자는 언제나 새로운 세계 그리고 미래를 준비하는 사람들과의 연결을 갈망해 왔고 링크드인은 이 점에서 매우 매력적인 곳이다. 검색과 클릭만으로 펼쳐지는 수많은 인맥의 보고 링크드인, 이곳에서 이러한 인재들과의 연결은 물론이고 비즈니스 기회까지도 창출할 수 있을 것이다.

ㅣ 인맥의 시너지가 날 수 있는 사람들을 1촌으로

필자는 스타트업 인큐베이션과 투자를 동시에 하는

액셀러레이터 회사에서 일하고 있다. 한번은 전 세계 같은 분야의 사람들에게 1촌 신청을 집중적으로 한 적이 있었다. 그 결과 미국, 중국, 홍콩, 싱가포르, 유럽 등 다양한 국가의 스타트업 전문가들과 연결될 수 있었다.

싱가포르와 홍콩의 인재들은 아시아와 미국, 유럽 등 다양한 시장에서 풍부한 경험을 가지고 있다. 필자는 세계 금융과 무역의 허브가 되는 나라의 전문가들과의 네트워킹을 특히 중요하게 생각하는 편이다.

또한 업계의 유명인이나 인플루언서와 1촌을 맺을 수 있다면 이후의 네트워크 확대는 좀 더 쉬워질 수 있다. 인맥의 허브인 그들에게도 망설이지 말고 1촌 신청을 해보자. 한번은 TV에 나온 실리콘밸리 투자자에게 1촌 신청을 한 적이 있었는데 5분도 채 안 되어 수락해 주시는 경험을 한 적도 있다.

하지만 아시다시피 내가 연결되고자 하는 분들은 1촌 수락에 까다로운 경우도 있기 때문에 좋은 인맥을 나의 1촌으로 만들고 싶다면 정중하고 간결하게 자기소개를 하는 것도 좋은 방법이다. 그리고 잘 완성된 프로필이 필수임은 더 강조하지 않아도 될 것 같다.

Part 2

평범한 직장인, 마이크로 인플루언서가 되다

팔로워 1천 명 만들기

링크드인에서 1천 명이라는 숫자는 매우 중요하다. 크리에이터 자격을 얻을 수 있기 때문이다.

링크드인 크리에이터가 되면 프로필에 토픽 추가 지정이 가능해지고 링크드인 라이브, 오디오 이벤트를 개최하거나 뉴스레터를 발행할 수 있게 된다. 이런 방법으로 팔로워들과의 관계를 강화하거나 신규 팔로워도 늘릴 수 있게 된다.

실제로 링크드인 라이브는 전 세계 크리에이터에 의해 수시로 진행되고 있으며 예약을 해놓으면 해당 시간에 알림이 오기 때문에 실시간으로 참여가 가능하다.

팔로워 500명을 만들었다면 짧게는 4주 길게는 10주 이내에 1천 명을 돌파할 가능성이 커진다. 사람들은 팔로워 1천 명이 넘는 사람과의 연결을 우선적으로 원한다. 더 많은 사람과 1촌을 원한다면 먼저 1천 명에 도달하도록 노력하자.

필자는 이 숫자에 도달하는 순간 자신감과 함께 더 많은 사람과 연결하고픈 강한 동기가 생겼다.

1천 명! 마이크로 인플루언서라고 불릴 수 있는 이 숫자를 꼭 기억하고 이에 도달할 때까지 1촌 신청과 포스팅을 멈추지 말자.

팔로워 1천 명을 달성하다

1천이라는 숫자 자체가 주는 뿌듯함도 있었지만, 이때부터 1촌 수락률이 급격히 올라가는 것을 볼 수 있었다. 500명이 업계의 전문성과 신뢰성을 보여주는 숫자라면 1천 명은 유저들에게 '영향력'이란 것을 보여줄 수 있는 숫자이기 때문이다.

1천 명의 1촌에게 각각 50명의 팔로워가 있다면 이제 5만 명 이상의 사람들에게 나의 존재와 콘텐츠 노출이 가능해진다고 볼 수 있다.

필자는 회사에서 스타트업 글로벌 진출이나 투자유치

와 관련된 온라인 세미나를 자주 개최하곤 한다. 이때 가장 고민되는 부분이 바로 참가자 모집이었다. 하지만 팔로워가 1천 명에 도달한 시점부터는 더 이상 이것은 문제가 되지 않았다.

바이오 · 헬스케어 분야의 1촌들에게 공고문 리포스팅을 요청하면 흔쾌히 도와주시기도 했고 이미 관련 분야에 인맥을 많이 보유하고 있어 100명 이상의 참가자도 수월하게 모집할 수 있었다. 광고비 지출 없이도 쉽게 홍보가 가능해진 것이 가장 큰 변화라고 볼 수 있다.

여기에 더해서, 단순히 1촌 숫자만 많기보다는 콘텐츠를 적극적으로 생성하고 포스팅하는 사람들이 링크드인에서 더 많은 영향력을 가지는 진짜 인플루언서라는 것도 기억하자. 적극적인 포스팅 활동은 링크드인에서 당신의 존재감을 상승시켜 준다는 점 또한 잊지 않았으면 한다.

1천 명, 절대 작지 않은 숫자다. 하지만 도전의 결과는 예상을 뛰어넘는 많은 경험을 선사하고 도달하는 누구에게든 자신감을 가져다줄 것이다.

협력을 통한 팔로워 수
급성장의 비밀

현재 필자는 수많은 링크드인 유저 중 마음에 맞는 사람 5명 정도와 시공을 초월해 친밀하게 교제하면서 링크드인 안에서도 서로 시너지를 내고 있다.

이제는 친구가 된 이 인플루언서들은 다양하면서도 강력한 영향력을 끼치는 콘텐츠로도 유명하지만, 삶의 지혜와 유머를 겸비한 분들이기도 하다. 이분들의 포스팅과 댓글을 통해 링크드인 친구들은 '외로움'을 이겨내고 '위로'를 경험한다.

이러한 따뜻한 마음으로 이들은 좋은 일이 생기면 함

께 기뻐해 주고 힘든 일에는 유머가 넘치는 댓글로 위로와 웃음을 주시기도 한다. 링크드인이 때로는 망망대해와 같은 생각이 들 때도 있지만 이런 좋은 분들과의 교류로 인해 다시금 힘을 얻고 글을 쓰며 포스팅할 동기를 얻은 적이 많았다. Part 6에서는 필자와 특별한 우정을 나누게 된 인플루언서들을 소개할 예정이다.

그리고 링크드인은 강력한 알고리즘으로 나의 글을 노출해 주는데, '좋아요'가 많을수록 나의 포스팅 노출 수가 급격히 늘어난다. 인플루언서들이 포스팅에 '좋아요'를 누르면 그들의 1촌들에게도 보이기 때문에 더 많은 사람에게 나의 콘텐츠와 나의 존재를 알릴 수 있는 것이다.

적극적인 커뮤니케이션으로 나와 마음이 맞는 사람들을 찾아보자. 서로 다른 국가와 시간대에 있다는 사실이 이곳에서는 문제가 되지 않는다. 오히려 온라인으로 협력하며 서로가 함께 성장하는 기쁨을 누릴 수 있을 것이다. 구체적인 방법은 다음의 TIP에서 자세히 알아보도록 하겠다.

링크드인 1촌들과 협력하는 방법

방향이 맞는 유저들과 연결이 되었다면 이제는 다음과 같이 좀 더 액티브한 방법으로 협력과 소통을 해나가면서 나를 더 많이 노출하고 팔로워를 늘려나갈 수 있다.

┃ 포스팅에 태그하기

포스팅할 때 다른 유저의 이름 앞에 @을 붙여 그 유저를 태그할 수 있다.

이때 팔로워들에게 태그된 다른 유저의 이름과 연결된 링크를 통해 추가로 노출할 수 있기 때문에 다른 사람과 함께 사진을 찍었거나 관련된 내용이 나올 경우 이 기능은 매우 유용하다.

태그를 통해 팔로워에게 나를 노출해 준 경우 댓글과 좋아요, 리포스팅 등으로 감사의 마음을 표현하면 링크드인 친구들과 관계도 돈독하게 할 수 있다.

┃ 댓글과 좋아요

링크드인에는 유머 있는 혹은 정성 어린 댓글을 써주시는 분들이 계신다. 이분들의 댓글을 보기 위해 필자의 페이지를 방문하거나 포스팅에 쓰인 짧지만 재치있는 댓글에 반해서 '좋아요'를 누르시는 유저분들도 많다.

링크드인은 꼭 직접 하지 않더라도 다른 사람들이 소통하는 것을 보며 공감하기도 하고 또 함께 웃고 위로를 받기도 하는 인간적인 공간이기도 하다. '좋아요' 버튼도 6가지로 표정으로 세분화되어 있으니, 분위기와 상황에 따라 남기는 것도 잊지 말자.

| 퍼가기 (리포스팅)

　나의 포스팅을 더 많은 사람들에게 노출시키고 싶은 경우 1촌과 인플루언서들에게 '퍼가기', 즉 리포스팅을 부탁해 보자.

　실제로 필자는 바이오텍과 투자 분야에 1촌을 많이 보유하고 있어 관련된 좋은 정보나 인사이트가 담긴 글, 행사에 참가자 모집이 필요한 포스팅을 발견하면 '퍼가기'를 통해 도움을 드리기도, 도움을 받기도 한다. 만약 리포스팅의 도움을 받았을 때는 감사의 메시지나 댓글을 잊지 않고 꼭 남기는 것도 명심하자.

| 커피챗

　링크드인에서는 커피챗(커피를 마시며 나누는 가벼운 대화라는 뜻) 문화가 있는데 온라인 혹은 오프라인상으로 링크드인 유저들을 만나 서로의 관심사에 대해 대화를 나누고 이것을 포스팅으로 올리는 것을 말한다.

커피챗은 그 자체로도 링크드인 유저 간 훌륭한 소통 수단이지만 포스팅의 관심을 끄는 데에도 효과적이다. 다른 유저들 간의 생생한 이야기를 들을 수 있다는 점에서 흥미와 관심을 끌 가능성이 높다. 네트워킹을 늘리며 팔로워를 늘릴 수 있는 커피챗 후기 포스팅을 마지막으로 추천한다.

링친(링크드인 친구)이 그려준 웹툰

#W+EASTOON
- SARAH DONGMI CHOI -

링크드인 10+K 인플루언서이자

여러 스타트업 엑셀러레이터에서
투자연계 담당도 맡고 계신 최동미님

가끔가다 이런 인플루언서 분들이 추가를 해주실 때가 있다

소개를 나누다보니 동미님은 나에게 소개영상을 주셨고

그것은 나에게 엄청난 영감을 주게 되어

영어로 떠들어보는 영상을 찍어보잔 결심을 하게 됐다

물론 그 영상은 낯짝이 뜯어지는 느낌을 주긴 했지만...

그거 외에도 많은 정보를 알려주셨고

넘나 감사한 분!!

by W+EAST Creative Studio 고아라 대표

팔로워 5천 명 만들기

결국 짧은 시간 내에 1촌을 늘리는 좋은 방법은 멋진 프로필을 만들고 나를 최대한 많이 링크드인에 노출하는 것이다.

나와의 연결을 원하는 팔로워가 많아 숫자가 자연 증가한다면 좋을 것이다. 하지만 필자의 경험상 자연적으로 팔로워가 느는 것은 절대 쉽지 않은 일이다. 결국 5천 명을 달성하고자 하는 자신이 1촌 신청을 적극적으로 해야 한다.

필자는 링크드인에서 제공하는 데이터 정보를 확인하

면서 동시에 다양한 포스팅을 시도했고, 이것을 통해 많은 사람들에게 공감을 얻을 수 있는 나만의 콘텐츠를 찾을 수 있었다. 결국 이러한 포스팅 활동은 5천 명 팔로워를 달성하는 데 아주 중요한 역할을 했다.

그렇다면 도대체 얼마나 자주 포스팅해야 도움이 될까? 필자의 경험으로는 1천 명의 팔로워가 있다면 일주일에 1개의 포스팅만으로도 상당히 많은 사람들에게 노출이 가능했다.

포스팅은 내가 자는 동안에도 계속해서 자체 알고리즘을 통해 1촌과 주변 사람들을 파고들어 나를 홍보해 준다. 글, 활동사진 등 다양한 형태의 콘텐츠 포스팅 중 한 가지를 매주 한 번만 시도해 보자.

그리고 일주일에 30분씩 이틀만 할애해 내가 넓히고 싶은 인맥과 나를 선호하는 인맥들에게 1촌을 신청해 보자.

너무 쉽다고? 실천하는 사람만이 5천 명에 다다를 수 있을 것이다. 그것도 아주 빠르게.

나를 더 프로페셔널하게 보여주는 포스팅은?

링크드인은 페이스북이나 인스타그램과 같은 플랫폼들과는 성격이 달라서 전문성을 갖춘 사람들이 커리어, 비즈니스 기회라는 확실한 목적을 가지고 정보 교류를 위해 활용하는 플랫폼이다. 그만큼 전문가다운 이미지를 주는 포스팅은 팔로워를 단기간에 늘릴 수 있는 가장 큰 무기가 될 수 있다.

ㅣ 비즈니스 현장 사진

사람들은 현역에서 활약하는 모습을 생생하게 보여주는 포스팅 사진에 가장 크게 반응한다. 업무와 관련된 이벤트에 참여하여 찍은 행사 후 단체 사진, 출장 사진 등 현재 프로필, 경력과 일치하는 활동이 포함된 사진을 틈틈이 찍어 포스팅한다면 업계 전문가로서 신뢰도를 크게 높일 수 있다.

필자는 네트워킹이 중요한 스타트업 업계에서 일하고 있어 관련 행사나 교육에 종종 참여하는 편이다. 이러한 현장에서의 모습을 사진으로 포스팅하기 시작한 이후부터 국내외 스타트업 관계자와 투자자들로부터 많은 연락을 받고 있다.

업무나 출장을 갔을 때 잠시 시간을 내어 활짝 웃는 사진을 포스팅해 보자. 현장감과 신선한 인상을 주어 팔로워를 늘리는 데 좋은 역할을 할 것이다.

현장에서 링크드인 1촌을 만난다면 태그를 통해 더 많은 사람에게 포스팅 노출이 될 수 있어서 효과적이다.

Ⅰ 전문성을 바탕으로 하는 글

재생에너지, 바이오, IT, 마케팅, 스타트업, 투자 등 자신이 속한 분야의 전문성을 바탕으로 한 글을 지속해서 올린다면 관련 분야에 속해 있는 전 세계 사람들과 쉽게 연결될 수 있다.

링크드인 피드에는 업계 소식, 리더십, 인사이트 등 유저들의 다양한 포스팅들이 매일 올라오고 있다. 내가 관심 있는 분야의 사람들이 나의 1촌이 되었기 때문에 그들이 수시로 올려주는 정보들은 실제 업무에도 유용하게 활용할 수 있다.

전문 분야에 대한 지식을 공유할 때는 참여한 행사나 출장 관련 후기 등을 사진과 함께 올리는 경우도 많은데 현장감과 전문성 그리고 인사이트를 동시에 얻을 수 있어 많은 유저에게 '좋아요' 버튼 세례를 받기도 한다.

링크드인에서는 한국어로 작성하더라도 자동 번역 기능이 있어 매우 유용하다. 완벽한 수준의 번역은 아니지만 비슷한 배경지식이 있는 사람이라면 포스팅의 내용을 이해하는 데 무리가 없을 것이다.

이렇듯 자신의 전문지식과 경험을 적극적으로 글의 형태로 포스팅하면 1촌과 팔로워를 늘리는 데 큰 도움이 된다.

필자도 처음에는 아직은 스스로 부족하다고 생각해 업무 지식에 관한 글을 올리지 않았다. 하지만 같은 분야이더라도 각각의 경험이 다르기 때문에 나의 경험과 인사이트를 포스팅으로 공유했을 때 새롭게 봐주시는 경우가 많았다.

3년 이상 업무경력이 있다면 주저하지 말고 자기 일에 관한 글 포스팅을 시작해 보자. 더 많은 사람과 교류하며 성장하는 기회를 가질 수 있을 것이다.

｜ 리더십, 동기부여에 인사이트를 주는 글

링크드인에는 비즈니스, 커리어같이 미래에 대해 고민하는 사람들로 가득하다. 인턴부터 수십 년의 경력을 가진 사람까지 다양하며 회사 생활에 대한 인사이트를 공유하시는 분들도 계신다. 특히 풍부한 사회생활과 비즈니스 경험을 바탕으로 올린 포스팅의 인기는 그야말로 하늘을 뚫을듯하다.

전문경력을 가진 사람의 직장생활에 대한 진솔한 조언이 담긴 포스팅은 '좋아요'가 수백 개, 때론 1,000개를 넘을 때도 있을 정도다. 이렇듯 리더십과 동기부여에 관한 포스팅은 유저들의 사랑을 독차지하고 있다.

링크드인과 SNS에 올렸던 글들을 모아 책으로 편찬해 베스트셀러 작가가 된 분도 계실 정도니 주저하지 말고 내가 가진 경력이나 전문성과 관련된 인사이트를 나누어 보자.

최선을 다했지만 아직은 성취하지 못한 일들에 대해 필자 자신을 돌아보고 전략적으로 도전하고자 하는 결심을 포스팅한 적이 있었는데 유저들로부터 좋은 반응을 얻을 수 있었다.

시행착오에 관한 에피소드 혹은 새로운 목표를 찾는 과정 등 지금 이 시간에도 최선을 다해 일하고 있는 수많은 유저들의 공감을 얻을 수 있는 소재는 무궁무진하다.

팔로워가 5천 명이 되면 생기는 일

한 세미나에서 스타트업 투자자를 만나게 되었다. 대화를 나누던 중 링크드인에 대한 이야기가 나왔는데 필자에게 1촌이 몇 명인지를 물어보았다.

"5천 명 정도 됩니다."

"오! 인플루언서이시군요!"

유명 블로거나 유튜버들은 적어도 10만 명 혹은 100만 명 이상의 팔로워를 가지고 있기 때문에 필자에게 5천 명은 너무나 작게 느껴졌다.

하지만 그분의 설명에 따르면 링크드인에서 그 정도의 숫자라면 인플루언서라고 불릴 수 있다는 것이었다.

'내가, 인플루언서?'

내가 인플루언서라는 단어로 불리기 시작한 것이 바로 이때부터였다.

기존에 링크드인에서 알고 지내던 분들도 좀 더 관심 있게 대해주시는 것 같았고 댓글과 메시지로 유저들과 활발한 소통이 시작되었다.

그리고 신기한 것은 1촌을 신청하면 거의 대부분이 수락해 주는 기이한 현상이 나타나기 시작한 것이다.

그리고 스타트업, 투자 관련 행사에 가서 명함을 드리면 그때마다 이런 말을 자주 듣게 되었다.

"어 링크드인의 그분이시네요."

이렇게 반갑게 인사를 나누고 나면 사진을 함께 찍고

태그를 해달라고 요청하시는 경우도 많았다.

전 국민을 대상으로 유명인이 되기는 어렵겠지만 내가 속한 분야에서 이름과 얼굴을 알리는 것은 생각보다 어렵지 않은 일이라는 것을 꼭 알려드리고 싶다.

내가 하는 일에 대해 열심히 설명하는 이유가 무엇일까? 나는 믿을 수 있는 사람이고 이러한 분야에 전문성을 가지고 있으니, 앞으로 좋은 관계를 유지하고 교류하자는 의미가 아니겠는가?

팔로워가 5천 명이 되자 자기소개에 걸리는 시간이 수분에서 단 10초로 줄어들게 되었다. 엄청난 변화를 느끼며 또다시 다른 목표를 향해 나아갈 준비를 하게 되었다.

'그래, 이제 1만 명을 향해 한번 달려가 보자!'

Part 3

평범한
직장인,
인플루언서로
거듭나다

팔로워 5천 명인 유저?
No, 인플루언서!

링크드인에서 2천~3천 명 정도의 팔로워로도 자신만의 매력과 강력한 메시지로 엄청난 인기를 누리는 된 분들을 볼 수 있다. 그들의 포스팅엔 '좋아요'가 100개 때로는 300개 이상, 그리고 수십 개의 댓글이 달리게 된다. 이들은 말 그대로 링크드인 유저들에게 사랑받는 인플루언서들인 것이다.

아마 이 책을 읽는 분들은 팔로워 1만 명을 달성하는 것이 목적이라기보다 퍼스널 브랜딩을 구축하고 네트워크를 확장해 관련 분야와 인접 분야에서 영향력을 가진 사람이 되기를 꿈꾸는 분들이 더 많을 것이다.

하지만 포스팅이 노출되는 범위는 통계적으로 팔로워 숫자를 벗어나지 못할 가능성이 높다는 점을 감안할 때, 5천 명의 팔로워를 보유하게 된다면 절대 숫자로도 더 많은 영향력을 펼칠 수 있을 것이다. 조금은 멀고 어렵게 느껴지더라도 이 5천 명이라는 숫자에 도달할 때까지 더 노력해 보실 것을 권한다.

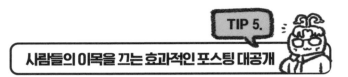

사람들의 이목을 끄는 효과적인 포스팅 대공개

처음 해보는 포스팅, 필자도 좌충우돌 다양한 시도를 해보았다. 고맙게도 링크드인에서는 이러한 포스팅이 얼마나 많이 노출되었는지에 대한 분석자료를 제공해 주고 있다.

'한 줄 프로필' 아래로 조금만 내려가면 '분석'이라는 항목이 나온다. 여기에 업데이트 노출이라는 항목을 클릭해 들어가면 최근 7일, 14일, 28일, 90일, 365일 동안 가장 많이 노출된 포스팅 순으로 데이터를 확인해 볼 수 있다. 필자의 최근 90일간의 포스팅과 관련된 수치를 한 번 분석해 보았다.

┃ 노출 2,000~5,000회: 포스팅 36개,
   좋아요 평균 46회, 댓글 평균 8개

이 수치의 포스팅들 중에는 팔로워들과 친근하게 소통하는 모습이 담긴 커피챗이나 필자 혹은 사물의 사진이 들어간 눈에 띄는 포스팅 21개, 글 형식 포스팅 8개, 영상 포스팅 7개로 확인되었다. 주로 필자의 일상이 들어간 사진이 인기를 끈다는 점을 알 수 있다.

필자의 경우 즐겨 마시는 커피 사진을 포스팅하는 '라떼 시리즈'와 '점심 산책 시리즈'로도 유명하다. 유저들의 공감을 살 수 있는 일상 소재도 그리 과하지 않다면 링크드인에서 팔로워를 늘리는 좋은 방법이 될 수 있다는 점을 보여준다.

기차를 타고 출장을 가는 사진, 행사장을 방문해 다른 유저들과 찍은 사진, 행사 후 소감 등 일상에서의 소재는 무궁무진하다. 자신감을 가지고 다양한 형태와 소재의 포스팅에 도전해 볼 것을 권하고 싶다.

┃ 노출 5,000~10,000회: 포스팅 11개, 좋아요 평균 80개, 댓글 평균 14개

가장 높은 비율을 차지한 것은 주로 경력에 대한 고민과 현재의 도전 과정에 대한 글 형식의 포스팅이었다. 11개 중 9개인 80% 이상을 차지하고 있다. 링크드인 유저들이 글 형식을 선호한다는 점을 알 수 있게 하는 의미 있는 수치다. 상대적으로 적은 수의 팔로워를 가진 인플루언서 중에서도 좋아요가 100개 이상씩 나오는 분들은 대부분 이러한 공감과 인사이트를 주는 글 형식의 포스팅을 정기적으로 올리고 있다.

대기업 임원인 한 인플루언서는 적으면 300개 많은 경우 1,000개 이상의 '좋아요'가 달리곤 하는데 그동안의 커리어를 통해 알게 된 직장생활과 리더십에 관한 인사이트를 꾸준히 올리셨기 때문이었다. 이분은 실제로 이 글을 모아 책으로 내셨고 베스트셀러에 오르기까지 했다.

글 형식의 포스팅은 쉽게 접근할 수 있지만 그만큼 경험과 전문성이 묻어나는 글이어야 한다. 그리고 과장 없는 진솔함은 유저로 하여금 더 많은 공감을 끌어낼 수 있다. 첫 포스팅 혹은 그동안 글 포스팅을 망설였다면 지금이라도 한번 시도해 보자.

┃ 노출 10,000~20,000회: 포스팅 3개, 좋아요 평균 150개, 댓글 평균 20개

이 총 3개의 포스팅만이 링크드인 팔로워 수의 2배 이상 노출되었다. 개인적으로 직접 겪게 된 비극적 사건을 접한 심정이 1위를 차지했고 일주일간 85,000회 노출이 되어 개인 신기록을 달성한 포스팅이 2위, 마지막으로 링크드인 유저분들께 감사의 마음을 전한 포스팅까지 3위로 10,000회 이상의 최고 상위 조회수를 차지했다.

위의 분석을 통해 효과적인 포스팅 전략도 중요하지만 결국 더 많은 유저의 참여를 유도하기 위해서는 절대적인 팔로워의 숫자도 매우 중요함을 알 수 있을 것이다.

시도해 보았던 특이한
포스팅 모음

필자가 링크드인에서 유명했던 이유 중 하나는 다른 사람들이 해보지 않았던 다양한 포스팅을 적극적으로 시도했기 때문이었다. 그중 몇 가지를 소개해 보겠다.

ㅣ 힙합 패션 시리즈

필자는 흰 티에 청바지 그리고 야구모자를 즐겨 쓰는 편인데 휴일에도 일하시거나 쉬는 분들과 소통하고자 주말에도 일상 사진을 올리곤 한다.

지난 90일간의 성과가 가장 높은 포스팅은
조회 2,719회, 좋아요 49개, 댓글 29개가 기록되어 있다.

날렵한 정장과 점잖은 모습만 선호하리라 생각하셨겠지만, 링크드인 유저분들도 힙한 것을 좋아한다는 것을 알 수 있다.

| 메타버스 산책 시리즈

회사 근처에 호수공원이 있어 점심시간에 한 바퀴 운동 삼아 걷고 있다. 너무 덥거나 추운 때를 제외하고는 거의 매일 산책을 하고 있는데 계절감이 느껴지는 날 혹은 비가 오는 날에는 빗속을 걷는 영상을 찍어 포스팅하기도 한다. "이것은 마치 메타버스 세계에서 함께 걷는 느낌"이라는 댓글이 있었다.

지난 90일간의 성과가 가장 높은 포스팅은
조회수 2,764회, 좋아요 36개가 기록되어 있다.

비가 많이 내리는 날의 산책 그리고 필자가 밝게 인사

하는 모습의 영상 포스팅이 가장 인기가 많았다.

| 라떼 시리즈

점심 식사 후 혹은 주말에 카페를 가면 라떼나 카푸치노를 즐겨 마시곤 하는데 이것을 종종 포스팅해 왔다. 사실 직장인들에게 커피는 쉼에 대한 로망이자 소소한 스트레스 해소법 중 하나이다.

지난 90일간의 성과가 가장 높은 포스팅은
조회 3,149회, 좋아요 45개, 댓글 12개가 기록되어 있다.

라떼아트가 들어간 커피는 보기에도 아름답고 좋은 향이 연상되어서인지 더욱 인기가 많았다.

┃ 생성형 AI 시리즈

ChatGPT의 인기가 한창이던 무렵 다양한 생성형 AI 툴로 만든 필자의 아바타와 AI 모델 이미지를 포스팅해 보았다.

지난 90일간의 성과가 가장 높은 포스팅은
조회수 4,184회, 좋아요 64개, 댓글 39개

영화배우, 우주인 등으로 합성된 그림을 가지고 필자를 닮은 재미있는 이미지 투표를 해보기도 했는데 유저로부터 큰 인기를 얻었다.

I 링친이 만들어 준 캐릭터

I by Screena

팔로워 1만 명 달성을 위한
마음가짐 3가지

ㅣ 있는 그대로의 나, 가끔은 보여줘도 괜찮다

링크드인에선 프로페셔널한 모습만 보여줘야 한다는 심리적 압박을 느끼는 경우가 많다. 하지만 가끔 이런 이야기를 듣는 경우가 있는데 필자를 팔로우하는 이유가 바로 인간적인 느낌을 주기 때문이라는 것이었다.

업무나 성과를 자랑하기도 하고 어려운 일이 있을 때는 그 심정을 공유하기도 했는데 링크드인에 계신 분들도 감정을 가진 '사람'이었기에 직장인 그리고 한 개인으로서의 희로애락에 공감해 주고 지지해 주셨던 것 같다.

필자는 주말에는 캐주얼한 복장으로 좋아하는 카페에서 커피를 즐기는 사진을 찍기도 하고 점심시간에 산책하며 인사를 건네는 사진을 올리기도 한다. 일상에서 누릴 수 있는 이러한 소소한 행복에 공감해 주는 팔로워분들이 많이 계셔서 이런 포스팅도 종종 올리는 편이다.

자기소개란에 가족관계나 좋아하는 취미 등을 작성하는 것도 다른 유저들과 친밀한 관계를 유지하는 데 도움이 된다. 전문가다워 보이는 것 못지않게 나의 인간적인 매력을 드러내는 데 주저하지 말 것을 권해드린다.

▎ 나에겐 평범한 일, 남에겐 어메이징 스토리

링크드인에서 활동하고 계신 분들은 자신만의 커리어를 가지고 있거나 사업을 운영하고 계신 분들이 많다. 하지만 안타깝게도 사람들은 자신이 하는 일의 특별함에 대해 종종 잊는다. 지금 내가 하는 일은 그저 평범하게만 느껴질 뿐이다. 하지만 링크드인으로 받은 메시지 중 가장 많이 문의받은 내용은 다음과 같았다.

"하시는 일이 참 흥미로워 보입니다. 현재 하고 계신 일에 대해 소개해 주실 수 있으실까요?"

내가 하는 일이 어떤 분야인지 직관적으로 보여줄 수 있는 사진 예를 들어, 회의나 출장, 행사 현장 등을 찍은 포스팅들을 지속해서 올려보자. 나의 직업 세계가 궁금한 전 세계 다양한 직종의 팔로워를 유치할 수 있을 것이다. 그리고 당신이 맡은 일에 집중하는 사람이라는 프로페셔널한 이미지도 동시에 줄 수 있을 것이다.

나와 연관성은 있지만 약간은 다른 분야의 직업을 가진 사람들에게도 적극적인 1촌 신청이 중요한 이유는 이러한 사람들의 피드백이 나에게 자신감을 준다는 점에 있다.

오히려 다른 업계에 있는 사람들에게는 나의 직업이나 나의 일이 특별한 느낌을 줄 수 있기 때문이다. 앞으로 1촌을 신청할 때 자신 있게 내가 하는 일을 설명한다면 이런 대답을 들을 수 있을 것이다.

"정말 멋진 일을 하고 계시는군요!"

| 꾸준함만이 살길이다

결국 1만 명의 팔로워를 달성하는 가장 빠른 방법은 매주 꾸준히 포스팅하고 1촌 신청을 해나가는 것이다. 한번은 휴면계정이 정리되는 시기가 와서 하루에도 100명씩 1촌이 사라질 때도 있었다. 당시에 필자는 사람들이 나의 글에 흥미를 잃어서 혹은 내가 포스팅을 잘못된 방향으로 했기 때문이라고 생각해 의기소침해지기도했다. 하지만 휴면계정 정리라는 사실을 알고 나서는 꾸준히 하던 대로 필자가 넓히고 싶은 국내외 투자자와 IT기업 엔지니어, 글로벌 진출 담당자 등 다양한 영역의 사람들과 네트워크 확장을 이어나갔다.

필자는 1만 명의 팔로워를 유치하는 데 딱 2년이라는 시간이 걸렸다. 초기부터 포스팅을 시작했더라면 좀 더빠른 시간에 달성할 수 있었을 텐데 하는 아쉬움이 있지만 결국 해내게 된 요인은 '꾸준함' 때문이었다.

틈틈이 공감되는 다른 분들의 포스팅을 보고 '좋아요'도 누르고 나의 포스팅에 달린 댓글에 대댓글을 남기며 이미 1촌이 된 사람들과 관계를 지속해서 이어가는 데에도 노력을 기울였다. 링크드인도 결국 사람에 의해서 움직이는 공간이라는 것을 기억하자. 이렇게 형성된 친밀함은 이후 진심 어린 비즈니스나 커리어 조언과 정보로 이어지곤 했다.

자, 한 주가 다시 시작되기 전 최대한 많은 사람에게 1촌 신청을 해보자. 거절당하면 어떤가? 아직도 연결되지 못한 수많은 사람이 링크드인에서 기다리고 있다.

링크드인 친구들이 찾아준
나만의 특별함

링크드인에서 함께 교류하는 인플루언서나 팔로워분들의 댓글과 응원은 언제나 힘든 직장생활 속에서도 빛과 같은 역할을 한다. 링친분들께서는 일도 포스팅도 열심히 해온 필자에게 애정 어린 별명들을 지어주셨고 이것이 캐릭터화되기도 했다. 필자의 개성을 보여주거나 이름의 일부분을 따서 만들어 주신 별명과 캐릭터들은 평생 함께하고 싶을 만큼 필자에겐 소중한 자산이 되었다.

┃ 빠른 실행력의 신인류, 호모 동미쿠스

링크드인에서 필자는 '즉시 한다!' 이미지로 유명하

다. 실제로도 링크드인 팔로워 수 증가나 크리에이터로
서의 성장이 빠를 수 있었던 건 이런 면 때문인데 '엄청
난 속도의 실행력을 갖춘 신인류'라는 뜻의 '호모동미쿠
스'는 필자가 가장 좋아하는 별명이다.

ㅣ 래퍼, 사라초이

티셔츠에 청바지, 야구모자, 선글라스 패션 때문에 붙
여진 별명이다. 실제로도 필자는 힙합 음악을 즐겨듣고
좋아하는 래퍼들도 팔로우하고 있다.

┃ 샐러드 킬러, 사라다 여사

평일 아침과 점심을 건강식 샐러드를 먹는 중인데 필자가 샐러드를 먹는 모습이나 음식 사진들이 SNS에서 반응이 좋았다. 링크드인에서도 건강한 식습관을 권하고자 포스팅을 올리기 시작했는데 이 덕분에 생긴 별명이다. 필자의 영어 이름을 변형해 만들어 주신 재미있는 별명이다.

팔로워 1만 명 만들기

자 5천 명 팔로워의 고비를 넘어선 여러분들이 마지막으로 넘어야 할 산은 바로 지금 필자가 글을 쓰고 있는 지금 달성한 1만 명이라는 숫자다.

인플루언서 중 팔로워 수를 늘리는 데에 특별히 신경쓰지 않는 분들도 있지만 필자는 이 절대 숫자도 매우 중요하다고 생각하는 사람 중 한 명이다. 숫자와 영향력, 이 두 마리 토끼를 모두 잡지 못한다면 진짜 인플루언서가 되었다고 보기 어렵다.

필자가 5천 명의 팔로워를 달성하기까지 부지런히 1

촌 신청을 계속했다. 5천 명의 팔로워를 만들기 위해 필요했던 건 바로 남을 의식하지 않고 나답게 포스팅을 만들어 올리는 일이었다.

　하지만 이러한 노력과 생각들만으로는 무언가 허전했다. 나를 어필하고 진짜 '인플루언서'가 되기엔 어떤 '한 방'이 필요함을 느꼈는데 실제로 이 '한 방'이 된 콘텐츠 크리에이터 활동을 다음 Part에서 소개해 보려고 한다. 이 과정이 바로 현재의 링크드인 1만 명 팔로워 달성 그리고 인플루언서로 등극하게 된 핵심적인 기능을 했기 때문이다.

Part 4

인플루언서가 되는 길에 엔진을 달아준 '크리에이터' 라는 이름

내가 가진 전문성으로
콘텐츠를 생성하다

링크드인은 페이스북과 같은 일상 소통 SNS에 비해 커리어 개발과 비즈니스 성격이 강하다. 이 플랫폼을 활용하는 유저들은 전문 분야를 한 가지 이상 가지고 있는 경우가 많다. 그리고 필자와 마찬가지로 이들은 링크드인상의 콘텐츠를 통해 업무 지식을 넓히고 자기 계발에 활용하거나 전문성을 향상하려는 의지가 강하다.

자 그럼 필자가 크리에이터가 된 과정을 한번 따라가 보자. 분명 나도 할 수 있다는 자신감을 얻을 수 있을 것이다.

영화에서 영감을 받다

사실 필자는 글이라고는 평생 써본 적이 없는 사람이었다. 가끔 70세에 그림을 그려 유명한 화가가 되었다거나 50세에 대학에 들어가 전문가가 된 경우들을 들은 적이 있었지만 설마 내가 작가가 되리라고는 꿈에도 생각지 못했었다.

학창 시절 독후감을 쓰고 딱 한 번 칭찬받은 적이 있었지만, 논술은 다소 약했고 주로 독서만 했었다. 그러던 어느 날 영화 「줄리 & 줄리아」를 보게 되었다.

작가를 꿈꾸던 한 공무원 여성이 유명한 프랑스 요리

책 레시피 500여 개를 365일 안에 완성하는 도전에 관한 실제 스토리였다. 그녀는 직접 재료를 사고 요리를 해서 사람들과 함께 나누는 과정을 블로그에 썼고 이러한 과정에 열광한 수많은 팔로워로 인해 꿈에 그리던 작가가 되었다는 내용이었다. 이 영화를 보고 나니 문득 이런 생각이 들었다.

'나도 한번 해볼 수 있겠는데?'

사실 필자는 스타트업의 PR과 마케팅을 지원해 투자유치를 성공시키는 데 나름의 성과를 보유하고 있다. 나 자신을 마케팅하지 못한 가장 큰 이유는 나만의 콘텐츠나 상품이 없었기 때문이었다. 하지만 이 영화를 본 후 내가 스타트업 분야에서 관찰하거나 경험한 내용이 나만의 콘텐츠가 될 수도 있다는 가능성을 보게 된 것이었다.

바로 다음 날, 블로그를 개설하고 첫 번째 글을 써 내려갔다.

드디어 탄생한
나의 첫 번째 아티클!

ㅣ 투자자 관점에서 바라보는 스타트업의 정의

어떤 기업이 스타트업인가?

스타트업이라는 용어는 미국 실리콘밸리에서 처음 사용되었다. 실제 투자자와의 대화 속에서 스타트업의 정의를 이해할 수 있었다.

글로벌 액셀러레이터(스타트업 초기투자사) 대표님을 창업 행사장으로 차로 태워드릴 기회가 있었다. 그분은 가는 동안 핸드폰 3대로 국내외 투자자, 대기업, 스타트업

등과 바쁘게 계속 통화하시고 문자를 주고받고 계셨다. 그동안 나는 당시 정말 궁금했던 질문 하나를 하지 못할 수도 있다는 초조함 속에 있었다가 아주 짧은 전화 공백 중에 조심스럽게 질문을 하나 던졌다.

"대표님, 저희가 발굴한 청년 스타트업 중에 2년 새 벌써 연 매출이 5억이 되어가는 회사가 있습니다. 공격적인 사업확장이 필요한 시기인 것 같아서 조언해 드렸지만, 고려하지 않으시는 것 같아요. 유망한 스타트업인데 뭔가 방법이 없을까요?"

그분은 단호하게 말씀하셨다.

"그런 회사를 저희는 '스타트업'이라고 하지 않습니다."

2년 만에 5억의 매출을 내고 있고 국내외 판매량이 꾸준히 증가하고 있었는데 이런 기업이 스타트업이 아니라니 갑자기 말문이 탁 막히는 기분이었다. 곧바로 대표님께서 말씀을 이어가셨다.

"1년에 30% 이상씩 급성장하는 회사를 '스타트업'이라고 합니다. 그리고 우리는 그런 미래의 가능성과 비전을 가진 기업에만 투자합니다."

우리 센터는 매주 창업 발굴을 위한 피칭 세션을 진행하고 있으며 연간 100개 이상의 기업을 다양한 프로그램을 통해 지원한다. 개인 업무로도 연간 수십 개의 창업기업을 담당하며 지원하면서도 이 간단한 개념을 머릿속에 넣지 못하고 있었다. 투자자가 생각하는 진짜 스타트업은 극소수에 불과하다는 것을.

급성장을 통해 기업가치를 높여 EXIT(투자로 보유한 주식을 팔아 이익을 실현하는 것)를 할 수 있는 역동적인 회사가 곧 스타트업이다. 스타트업이란 용어는 극초기에 리스크를 안고 기업투자를 통해 고수익을 창출하는 투자자들에게서 나온 개념인 것이다.

또 하나의 투자자와의 일화가 있다. IT 대기업 엔지니어 경력을 바탕으로 창업하신 대표님을 국내 유명 액셀러레이터 심사역에게 소개하는 투자미팅을 주선해 드렸었다. 기술개발과 구체적인 영업계획 등 순탄하게 미팅이 잘 진행되어 보였었는데 미팅 후 투자보류의 이유로 심사역에게서 이러한 이야기를 들을 수 있었다.

"CEO 생각의 크기는 저희가 바꾸어 드릴 수 있는 것이 아닙니다."

스타트업의 급속한 성장은 대표자의 큰 비전과 목표에서 나온다는 것이며 이러한 스타트업을 찾기 위해 투자자들은 오늘도 수많은 창업기업과의 미팅을 진행하고 있을 것이다. 그렇다면 수치로 한번 이러한 큰 성장을 향한 비전과 목표를 가진 스타트업이 얼마나 있는지 확인해 보겠다.

중소벤처기업부와 창업진흥원에서 발간한「2020년 1인 창조기업 창업실태조사」자료에 따르면 창업기업이 첫 매출을 발생시키는 데 평균 2.5개월이 소요된다. 그리고 동일한 창업기업을 대상으로 실시한 '향후 1년 이내 사업 운영계획' 조사에 따르면 사업 운영에 있어 현행을 유지할 것이라는 기업들이 88%로 대부분의 비율을 차지했으며 사업 규모를 향후 확장하겠다는 기업은 고작 6.3%에 불과했다.

창업기업 지원을 하면서도 많이 느낀 부분이지만 창업기업의 대부분이 일정 수준 본인이 목표한 바를 이루고 나면 현행을 유지하려고 한다. 당초 목표가 크지 않았기 때문에 더 성장할 이유가 사라지고 이미 벌어들인 수익과 현재의 영업익을 유지하는 보수적인 태도로 변하는 것이다. 창업기업 중 극소수만이 더 큰 목표를 향해 달려가고 있는 것이다.

이제는 다 예상하시겠지만, 이 6.3% 기업 중에 유니콘 기업(10년 미만 창업기업 중 기업가치 10억 달러 이상 기업)이 될 스타트업이 속해 있을 가능성이 높으며 이 기업들은 처음부터 높은 목표와 비전을 가진 CEO가 이끌고 있을 것이다. 유망한 스타트업을 발굴한다는 것이 얼마나 어려운 일인지 그리고 이러한 유니콘 기업을 발굴해 낸 심사역 혹은 투자사와 관련된 기사가 왜 그렇게 많이 회자

하는지 이제 이해하셨으리라 생각한다.

오늘 만난 CEO 생각의 크기는 어느 정도였는가? 나의 투자금 회수 규모와 나의 커리어가 달려 있을 수 있다.

평생 처음 써본 이 글은 나를 작가로 만들어 주었고 칼럼니스트 그리고 글로벌 Thought Leader로 만들어 주었다. 평범한 필자도 해낸 일이다. 당장 노트북을 켜고 나의 전문 분야에서 느낀 일들과 사건들을 나의 관점에서 작성해 보자. 나에게 익숙하고 때론 너무 일상적인 세계가 남들에겐 전혀 새롭고 한번 들여다보고 싶은 호기심을 일으키는 대상일 수 있다. 콘텐츠 크리에이터로 성장하게 된 과정을 지금부터 자세히 알아보도록 하겠다.

내 글을 읽는 사람들은
도대체 누구?

    링크드인 팔로워가 2천 명 정도가 되었을 즈음 필자는 일주일에 1개의 아티클을 작성해 블로그에 올리기 시작했다.

    처음 글을 올렸을 때 블로그에는 지인과 스타트업 대표님들을 포함해 겨우 150명의 이웃이 있을 뿐이었지만 블로그 링크를 활용해 더 많은 사람에게 보낼 수 있었다. 이때 좋은 기능을 하나 발견할 수 있었는데 바로 내가 올린 글 링크의 조회된 숫자와 시간대가 정확히 데이터로 나온다는 점이었다. 이 데이터 분석 기능은 링크드인, 블로그, 모바일 · PC, 성별, 연령대 등 세부적인 데

이터를 제공해 나의 글을 읽는 사람들에 대한 정보를 알
수 있어 매우 유용했다.

　적게는 300회에서 많게는 1,000회 정도의 조회수를
기록한 나의 초창기 아티클은 30~40대가 주로 많이 읽
었고, 투자자 단체 채팅방과 링크드인에서 모바일로 많
이 조회된다는 것을 알 수 있었다.

　추가로 직장인들이 모이는 SNS 등 다양한 곳에 글을
올려보았지만, 눈에 띄는 성과가 없었다. 현재는 투자
관련 카카오톡 단체 채팅방과 링크드인 두 군데만 집중
해 아티클을 올리고 있다.

　특히 나의 독자들이 가장 많이 모여 있는 링크드인엔
빼놓지 않고 반응을 체크하면서 팔로워와 아티클 독자
를 함께 늘리는 중이다.

칼럼니스트, 내가?

어느 날, 알고 지내던 창업 분야 전문 기자로부터 전화가 왔다. 요즘 SNS에 올린 글을 보셨다고 하시면서 창업 칼럼을 한번 기고해 보면 어떻겠냐는 제안이었다.

"네? 제가요? 잠시만요. 생각 좀….."

처음엔 거절을 했지만, 이런 기회가 다시 오지 않을 것 같아 곧 수락하겠다고 말씀을 드렸다.

블로그가 아닌 온라인 미디어사에 정말 내 이름으로 글이 발행된다니 덜컥 겁도 나고 떨리기까지 했다. 하지만 나의 글에 반응하는 독자분들이 있으셨고 단톡방에 올린 글을 잘 보고 있다며 작은 선물을 보내주신 분도 계셨다.

그래서 용기를 내어 창업 영화와 관련된 콘텐츠를 칼럼으로 기고하기 시작했고 나의 독자들이 있는 곳에 이 글들을 올리기 시작했다. 결과는 어떻게 되었을까?

나의 글은 해당 미디어사의 오늘의 아티클 1위를 차지하게 되었다.

고마운 단톡방 친구분들과 링크드인 팔로워분들은 어찌 보면 이름 없는 작가인 나의 글을 읽어주셨고 나에게 '좋아요'와 댓글로 격려해 주셨다.

링크드인 경력 항목에 이젠 '칼럼니스트'라는 명칭이 하나 더 늘게 되었고 1촌 신청을 하면 수락률이 눈에 띄게 늘어나는 게 보이기 시작했다.

아, 이제는 뭘 쓰지?

투자와 인재, 창업 소재 영화 등의 글을 쓰고 나니 이제 더 이상 글감이 생각나지 않았다. 아마 이 글을 읽고 계신 분들도 이 부분을 가장 걱정할 것이다. 내가 과연 지속해서 글을 쓸 수 있을까?

이런저런 고민을 할 즈음, 링크드인에서 한 포스팅을 보게 되었다.

"제가 사회자로 참여하는 스타트업 토크 콘서트를 시청하시고 오늘 중에 이것을 아티클로 쓰셔서 아래 이메일 주소로 보내시면 검토를 한 후 좋은 글을 주신 분은 EO Planet의 크리에이터로 선정해 드리겠습니다."

-EO Studio 김태용 대표-

'뭐라고? EO의 작가가 될 수 있다고?'

EO는 국내 구독자만 55만 명, 그리고 10만 명 이상의 해외 구독자를 보유한 글로벌 채널이 있는 대한민국 스타트업계에서 가장 유명한 유튜브 채널이었고, EO Planet은 이 회사에서 운영하는 온라인 매거진 플랫폼이었다.

스타트업에서 가장 유명한 브랜드의 크리에이터가 되는 기회를 놓칠 수 없었던 나는 50분짜리 영상을 보고 꼬박 3시간을 집중해 아티클 하나를 완성했고 당일, 이 아티클을 제출했다.

이 기회는 나에게 2가지를 선물해 주었다. 하나는 나의 창업 전문성을 가지고 쓸 소재가 세상엔 너무나 많다는 사실을 깨달은 것이고 두 번째는 링크드인 경력에 쓸 'EO 크리에이터'라는 새로운 타이틀을 얻은 것이다.

다양한 글로벌 전문가의
인사이트를 아티클로 바꾸다

I Case 1

하루는 글로벌 스타트업 행사에 클라우스 뷔헤이
(Klaus Wehage)라는 실리콘밸리의 스타트업 글로벌 진
출 전문가 강연 관련 포스팅이 올라왔다. 필자는 곧바로
'좋아요'를 누르고 1촌을 신청했다.

그러자 1촌 수락과 동시에 통화를 요청하는 것이 아
닌가!

그는 월스트리트저널 베스트셀러였던 그의 책 『글로
벌 클래스』 한국어판을 올해 출간할 예정임을 말해주었

다. 먼저 책을 읽고 나서 다음에 인터뷰하기로 약속하며 가볍게 이야기를 나누었다. 그리고선 영문판 책을 구입해서 읽기는 했지만, 한동안 영어로 인터뷰할 엄두가 나지 않아 연락하지 못하고 있었다.

두 달 정도 지났을까? 어느 날, 클라우스 님으로부터 메시지가 왔다.

"Happy Lunar New Year!"

올 것이 왔구나! 이제는 피할 수 없다는 것을 직감했다.

잠시 통화로 대화를 나누었고 속으로는 겁이 났지만 약속은 약속이기에 인터뷰를 하기로 하고 온라인 미팅 일정을 잡았다.

책을 읽고 준비한 질문들을 가지고 인터뷰하면서 녹화를 진행했다. 이후 앱을 통해 클라우스 님의 음성을 글로 변환시켰다. 한국어 인터뷰를 아티클화하는 것은 그렇게 어렵지 않았는데 이번 일은 시간이 3배 이상 걸리는 것 같았다. 여차저차 힘겹게 아티클을 완성하고

EO Planet에 업로드했다. 결과는?

EO Planet 오늘의 아티클에서 수일간 1위를 차지했고 당시 개인 최고 조회수를 기록했다.

I Case 2

필자는 현재 근무하고 있는 센터에서 육성하는 스타트업의 국내외 투자 연계를 담당하고 있다. 가끔 링크드인을 통해서도 국내에서 진행되는 글로벌 IR 행사에 참석을 요청받기도 하는데 감사한 마음으로 최대한 참석하려고 노력한다.

한번은 KOTRA(대한무역투자진흥공사)에서 진행한 글로벌 투자행사에 참석했는데 같은 테이블 캐나다 정부기관 관계자들과 함께 오신 분들과 명함을 교환했다.

그리고 EV(Electric Vehicle) 모빌리티 기업인 Emobily의 CEO 윌 팬(Will Fan)과 인사를 나누게 되었다. 현재 필자가 하는 일을 소개하니 그는 곧바로 링크드인과 카카오톡 QR 코드를 보여주며 향후 카카오톡 메신저로도 편히 연락하라고 말해주었다.

링크드인 프로필을 자세히 살펴보니 윌 대표는 TEDx 의 연사이자 G20 캐나다 대표로 활동하고 있는 글로벌 인플루언서였고 20대에 IPO(기업공개)를 통한 EXIT(보유한 주식 지분을 팔아 수익을 내는 것) 경험을 한 창업가이자 투자자였다.

화려한 경력에도 불구하고 그는 매우 차분하면서도 겸손한 인상을 주었고 당시 한국의 엔터테인먼트 스타트업의 고문으로도 활동하고 있었다.

곧 윌 대표에게 온라인 인터뷰를 요청했고 또 하나의 지속 가능한 성장과 경영에 관한 인사이트 넘치는 아티클이 탄생하게 되었다. 현재도 링크드인 포스팅을 통해 그가 기업경영과 TEDx 연사로 왕성하게 활동을 하는 것을 보면서 '좋아요'와 리포스팅을 통해 응원을 이어가고 있다.

마이크로 인플루언서란 일반인보다는 좀 더 많은 1천 명에서
수만 명 사이의 팔로워를 가진 사람들을 지칭한다.
한 분야의 전문성과 열정, 지식을 가지고 있어 그 분야의 유행과
흐름을 잘 이해하고 있는 것이 특징이다.
그리고 팔로워에 대해 정확하게 이해하고 있어 타깃에 대한
영향력이 높다는 점에서 최근 주목받고 있다.

필자가 링크드인에서 인플루언서로 불리기 시작할 때는
팔로워가 5천 명이 된 시점부터였다. 이때부터 필자를 찾는
사람들이 늘어나기 시작했고 다양한 형태의 콘텐츠를 생성할
기회들도 생기기 시작했다.

Part 5

인플루언서가
된 나,
다양한 기회를
획득하다

강연에 초빙받다

사실 스타트업 분야에서 찾기 힘든 사람은 '기업가 정신' 강연자이다. 적임자는 단연 스타트업에서 시작해 기업을 키운 성공 창업가일 것이기 때문에 필자에게 강연 요청이 오리라고는 상상하지 못했었다.

이날 평범한 직장인이자 지방의 작은 창업 지원기관에 있는 필자가 글로벌 콘텐츠 크리에이터이자 스타트업 분야의 Thought Leader가 되기까지의 도전과 성공을 주제로 강연했다.

나만의 특별한 강점을 찾아 나선 이야기, 치열한 경쟁

속에서 어떻게 하면 눈에 띄는 인재가 될 수 있을지에 대한 고민에서 시작된 나의 여정을 이야기식으로 구성해 강연하였다.

스타트업 창업가 그리고 예비 창업인이 주된 청중이었지만 이 중에는 링크드인을 쓰고 계신 직장인도 계셨다.

긴장 속에 진행했던 강연이 끝난 후, 처음 청중들에게서 느껴졌던 왠지 모를 지친 기색은 사라지고 어느새 열정과 에너지 넘치게 변해 있던 그분들의 눈빛을 아직도 잊을 수 없다. 이후에 링크드인으로 1촌과 커피챗을 요청해 주시거나 현재까지도 자주 연락하며 근황을 공유해 주시는 분들도 계신다.

나의 이야기에 귀 기울여 주신 청중분들께 다시 한번 감사의 마음을 전하고 싶다.

라디오에 출연하다

1일 1 영화가 취미일 정도로 영화를 좋아하는 필자는 창업과 투자에 관한 주제인 경우 같은 영화를 반복해서 열 번씩 볼 때도 있다. 그리고 이러한 취미를 아티클의 소재로 삼아 링크드인과 스타트업계 사람들로부터 상당한 인기를 끌 수 있었다.

맥도날드가 어떻게 대표적인 프랜차이즈 왕국이 될 수 있었는지, 현재 메타로 사명을 바꾼 페이스북의 험난했던 창업실화, 한 바이오테크 CEO의 대국민 사기극 그리고 글로벌 공유오피스의 창업 스캔들 등 영화를 분석해 쓴 칼럼들은 언제나 오늘의 아티클 랭킹 상위를 차지하곤 했다.

그러던 어느 날, 한 지역 방송국 아나운서가 이 글들을 보고 라디오 프로그램에 게스트로 초청해 주셨다. 드디어 나의 스타트업 아티클이 방송을 통해 음성으로 송출되는 순간을 맞이한 것이다.

창업 분야에서 7년 이상의 경력이 있었지만, 만약 나만의 콘텐츠가 없었더라면 라디오 방송 게스트로 초청받는 이런 기회는 얻지 못했을 것이다.

전문 분야에 관한 일화나 경험이라든지 혹은 책과 영화 등의 소재를 가지고 자신만의 콘텐츠를 하나씩 만들어 볼 것을 강력히 추천한다. 나 자신을 홍보하고 전문성을 보여줄 새로운 기회들이 하나둘씩 찾아오게 될 것이다.

인기 작가가 되다

최근 2년 사이 전 세계 스타트업 투자시장이 꽁꽁 얼어붙게 되었다. 이런 이유로 스타트업은 이전에 비해 투자받기가 더 어려워지며 점점 위기감을 느끼게 되었다.

언론 기사마다 '투자 혹한기'라는 단어들이 나타나기 시작했고 이러한 상황을 스타트업들이 어떻게 타개해 나갈 수 있을지에 대한 주제로 곳곳에서 다양한 세미나가 개최되었다.

평소 M&A(인수 합병)와 해외 투자유치에 관심이 많았던 터라 한편으로는, 어쩌면 이러한 상황이 다양한 형

태의 초기기업 투자 활성화에 기회일 수 있단 생각이
들었다.

투자자 입장에서는 기업가치가 예전에 비해 낮아진
이때가 오히려 투자의 적기일 수 있기에 미래의 사업계
획서를 전략적으로 잘 준비한다면 투자유치에 성공할
기업들이 나올 것이라 생각했다.

연구개발 성과만으로도 투자유치가 가능했던 과거와
는 달리 기업들은 실제 매출을 발생시키는 데에도 노력
을 기울여야 했다. 그리고 미래에 기대되는 매출 데이터
를 보여줌으로써 매력적인 투자처로 어필할 수 있도록
더 디테일한 사업계획서가 필요했기에 전문가의 의견을
바탕으로 한 아티클 쓰기를 시작했다.

시의적절했던 이 아티클들은 예상보다 큰 인기를 얻
었고 업계에서도 투자유치, 투자 연계 전문가로 알려지
는 계기가 되었다.

준비된 자에게 기회가 온다고 하지 않던가? 필자는 오
래전부터 스타트업이 투자유치를 할 수 있도록 투자 트

렌드에 주목하고 스타트업 투자유치 부문의 전문성을
키워왔는데 드디어 그 노력이 빛을 발하고 업계에서 인
정받는 순간을 맞이할 수 있었다.

실리콘밸리 스타트업
전문가의 책 홍보, 내가?

　현재 스타트업 분야에서 가장 큰 화두는 바로 '글로
벌'이다. 링크드인 인플루언서가 되어 가장 좋았던 부분
은 전 세계의 투자자, 전문가들과 연결되어 스타트업에
도움을 줄 수 있다는 점이었다.

　어느 날 인터뷰를 했던 클라우스 뷔헤이(Klaus
Wehage)로부터 연락이 왔다. 한국어판 『글로벌 클래스』
출간을 앞두고 홍보를 위해 다양한 한국의 스타트업 업
계 인사 그리고 창업기관과의 연결이 필요해서였다.

　'내가 과연… 도와줄 수 있을까?'

잠시 고민했지만 내가 아는 스타트업계 지식을 총동원해 창업 관련 기관과 주요 인사 리스트를 만들었다. 놀라웠던 사실은 이 많은 사람이 이미 나와 링크드인에서 1촌을 맺고 있었다는 것이었다. 마침내 나의 스타트업 네트워크가 빛을 발하는 순간이었다.

스타트업 글로벌 진출이라는 트렌드로 인해 대부분의 기관과 기업 그리고 업계 유명 인사들은 저자와의 미팅 요청에 흔쾌히 응해주었다.

이후 이 책의 공동 저자들은 미팅을 진행했던 기관, 기업과 함께 스타트업 글로벌 진출전략 세미나를 개최하였다. 그리고 필자는 이들의 스타트업 글로벌 진출 인사이트를 담은 아티클을 스타트업 미디어사에 기고할 수 있었다. 이 활동들은 투자에 이어 글로벌 진출 콘텐츠 크리에이터로도 또다시 한 발 내딛는 계기가 되었다.

스타트업 홍보를 해달라고요?

    스타트업 투자와 관련된 소재를 찾다가 우연히 참석하게 된 세미나에서 한 스타트업 대표님의 '파이낸셜 모델링' 강연을 듣게 되었다.

    스타트업계에서는 많이 알려진 회사여서 눈여겨보고 있었는데 이번에 스타트업 투자유치와 관련된 사업을 진행하신다는 소식이 있어서 곧바로 대표님께 인터뷰를 요청했다.

    대표님은 최선을 다해 설명해 주셨고 투자유치가 어려운 이 시기에 스타트업에 피가 되고 살이 되는 내용들

이어서 인터뷰 내내 꼼꼼히 메모하고 아티클을 작성하기 시작하였다. 이후 EO Planet에 글을 업로드하고서 링크드인과 SNS, 투자 관련 단톡방에 링크를 공유했다.

그런데 이게 무슨 일인가! 이 아티클이 투자자와 스타트업 사이에서 엄청난 반향을 일으켰다는 소식을 들은 것이다.

그리고 인터뷰했던 대표님으로부터 직접 연락을 받게 되었다. 기업 홍보에 정말 큰 효과를 보았다고 하시면서 향후에 스타트업을 위한 투자 관련 콘텐츠 기획이 있다면 또 참여하고 싶다는 것이었다.

그 이후 필자는 스타트업 VIP 행사에 초청받기도 했고 업계의 유명 투자자나 대표들과 행사장에서 인사를 주고받게 되는 경우도 종종 경험하게 되었다.

팔로워 1만 명을 달성하다

드디어 대망의 팔로워 1만 명을 달성하게 되었다. 10,000이라는 숫자를 눈으로 확인한 그 순간을 잊지 못할 것 같다. 2년간의 노력이 결실을 맺는 순간이었다.

이 글을 읽고 계신 독자분께서는 아시겠지만 필자는 단순히 팔로워 숫자를 늘리는 데에만 집중하지 않고 링크드인에서 부여한 '크리에이터'라는 명칭에 맞는 다양한 콘텐츠 생성 활동을 이어왔다. 그 과정에서 여러 인플루언서들과 친구가 되기도 하고 협력해서 함께 성장해 나가기도 했다.

이제는 포스팅에 달리는 댓글과 좋아요의 숫자도 안정적으로 나오고 있고 7일간 평균 30,000회의 포스팅 노출이 되고 있다. 물론 현재도 계속해서 노력하고 있기 때문에 나올 수 있는 숫자다.

필자는 링크드인뿐만 아니라 페이스북에도 5천 명의 팔로워를 보유하고 있으며 또한 투자자 1천 명 그리고 바이오텍의 1만 명 커뮤니티에도 속해 있어 활발하게 활동하는 중이다.

링크드인에 존재하는 화려한 경력의 수많은 사람들을 보며 부러워하기도 하고 때론 닿을 것 같지 않아 보이던 높은 벽과 무관심에 낙심이 될 때도 있었다. 하지만 지금은 도리어 그분들로부터 리포스팅을 요청받기도 하면서 활발히 소통하고 있는 중이다.

팔로워 1만 명을 달성한 후 이 사실을 링크드인에 포스팅했을 때 200명에 가까운 분들께서 '좋아요'를 눌러 주셨다. 그리고 축전 웹툰을 그려서 보내주신 고마운 링친도 계셨다.

그동안 인터뷰를 요청했던 수많은 아티클의 주인공들과 링크드인 친구분들의 축하를 받으니 울컥하니 눈물이 났다.

이제는 링크드인을 쓰고 있는 스타트업 업계의 거의 대부분 사람들을 1촌으로 만들었을 뿐 아니라 국내외 투자자들과도 네트워크를 구축해 왔기에 앞으로는 이러한 네트워크를 좀 더 확장적으로 쓰는 방안을 생각해야 하는 시기라 여기고 있다.

필자는 서울이 아닌 지방의 한 비영리재단에서 일하고 있는 평범한 직장인이다. 하지만 이제는 업계 유명인들의 협력 요청을 받는 '인플루언서'이자 '스타트업 전문가'로 당당히 이름을 알릴 수 있게 되었다.

평범한 직장인인 필자가 해내었다면 정말 누구나 할 수 있다는 점을 꼭 기억하셨으면 한다. 1만 명의 팔로워를 보유하기까지 딱 2년이라는 시간이 걸렸을 뿐이다.

꾸준히 동종업계 또는 본인이 관심을 가진 분야의 사람들에게 1촌을 신청해 보자. 시간이 갈수록 나에게 영감과 동기를 부여하는 훌륭한 인재들을 더 많이 만나는 신나는 경험을 하게 될 것이다.

여기에 링크드인 유저들과 소통하기 위해 나만의 전문성을 담은 짧은 글과 사진 콘텐츠를 만들어 포스팅을 시작해 보시길 권한다. 나를 응원해 주는 많은 사람들을 통해 더욱 자신감을 얻게 되고 더 큰 목표에 도달하고자 하는 강한 동기를 부여받게 될 것이다.

이 흥미롭고 신나는 여정에 함께하게 되길 바라며 이 책을 읽는 누구나 1만 명의 팔로워를 가진 링크드인 인플루언서가 된 자신을 머지않아 만나게 되리라 확신한다.

| 1만 명 팔로워 달성 기념으로 보내주신 링친의 웹툰 축전

| by W+EAST Creative Studio 고아라 대표

링크드인에는 각자 전문 분야를 가지고 있으면서도
따뜻한 마음이 담긴 글과 포스팅으로
수많은 분에게 사랑받는 인플루언서들이 활동하고 있다.

어렵고 힘든 일이 있을 때 고민을 나눌 수 있는
이제는 '친구'가 된 그분들을 소개해 보고자 한다.

Part 6

긍정 에너지와
영감을 주는
인플루언서
들과의
인터뷰 모음

| Tyson Junho Moon

Tyson님은 링크드인 커뮤니티 내에서
'링크드인의 현인' '부녀회장님' '스윗가이'라는 별명으로 알려져
있습니다. 18년의 엔지니어 경력 그리고 미국 이민 후
취업을 위해 240번의 면접에 도전한 이야기 등
자신의 인사이트를 매일매일 글 포스팅으로 꾸준히 전하고 있어
많은 링크드인 유저에게 사랑을 받고 있습니다.

🎤 자기소개를 부탁드립니다.

저는 18년 차 엔지니어로 일하고 있으며, LCD TV, 태양전지, OLED, 반도체 등의 다양한 제조 현장에서, 공정관리와 개선업무를 경험해 왔습니다. 현재는 삼성반도체 텍사스 오스틴 사업장에서 일하고 있습니다.

🎤 링크드인을 시작하시게 된 계기는?

미국 이민 후에 구직활동을 위해 처음 링크드인을 시작했는데요. 이 과정에서 링크드인 네트워크로 미국에서의 취업에 성공하게 되었고 온라인 네트워크와 지인 레퍼런스의 힘에 대해 많이 배울 수 있었습니다. 링크드인에서 다양한 사람들과 네트워킹을 유지하고 늘려나가는 것은 여러 가지로 매우 중요하다고 생각합니다.

제가 링크드인을 하는 이유도, 커리어와 퇴직 이후 창업에도 도움이 되는 네트워킹을 늘려나가고자 하는 것이 주된 목적입니다. 그리고 이러한 네트워킹을 늘리기 위해서, 글 콘텐츠를 통해 사람들과 소통하며 저의 퍼스널 브랜드를 구축해 나가고 있습니다.

🎤 링크드인 써보시니 어떤 점이 유용하셨나요?

링크드인은 스타트업과 같은 혁신을 추구하는 기업이나 최신업계 동향에 민감한 분야에서 일하는 분들에게 다양한 업계 소식 및 최신 정보를 제공해 주고 있습니다.

그리고 동종업계 사람들과 인맥을 늘려나갈 많은 기회를 제공한다는 것이 링크드인의 가장 큰 매력입니다.

링크드인 유저들이 다양한 직무향상 프로그램들을 수시로 제공하고 있어서, 개인 스킬 향상의 기회도 있습니다.

또한 직접 자신이 가지고 있는 업계 정보나 동향을 공유하고 자신이 가진 스킬이나 노하우를 나눔으로써, 자신이 속한 업계에서 전문가 위치를 확보할 수도 있습니다.

링크드인을 통한 퍼스널 브랜딩으로 향후에 다양한 형태의 제안과 기회를 제공받을 수 있고 실제로도 이러한 사례를 포스팅으로 자주 접할 수 있습니다.

🎤 링크드인 포스팅을 잘하려면 어떻게 해야 할까요?

우선, 글 포스팅을 위해 어떤 이야기를 쓸지를 고민할 때 그 출발 지점은 내가 누구인지 아는 것입니다.

"나의 강점은? 내가 잘하는 것은?"
이라고 스스로에게 질문하기보다는

"내가 가진 남들과 다른 경험은? 나만이 가진 독특한 생각은?"

과 같은 질문을 한다면 남들과 다른 차별점을 찾을 수 있게 되고 이것으로 첫 글쓰기를 시작하실 수 있을 겁니다.

이와는 반대로 포스팅에 댓글을 작성할 때는 상대에 대한 관심이 우선되어야 합니다. 진심을 담은 댓글을 달기 위해 적어도 글쓴이가 어떤 사람인지, 어떤 관심사를 가진 사람인지, 어떤 주제의 글을 올리는 사람인지 파악하고 진심을 담아서 댓글을 쓴다면 상대방과 좋은 소통의 출발점이 될 수 있습니다.

처음에는 간단하게 "축하합니다.", "글 잘 보았습니다.", "힘이 됩니다.", "좋은 인사이트 얻어갑니다." 등과 같이 한 줄 댓글만으로도 충분합니다. 그렇게 시작하셔서 나중에 익숙해지면, 두 줄, 세 줄, 그 이상의 장문의 댓글도 달 수 있게 됩니다.

마지막으로 커피챗은 조금은 더 신경을 써야 하는 소통방식이지만 댓글과 마찬가지로 시작은 상대에 대한 관심이 우선이어야 합니다. 상대방에 대한 궁금증이 있어야지, 온 · 오프라인으로 만났을 때 질문

거리도 생기고, 대화도 이어나갈 수 있으니까요.

🎤 좋은 반응을 얻었던 포스팅은 어떤 내용이었나요?

가장 인기 있었던 포스팅은 「240번의 잡 인터뷰」 시리즈 중 '지난 5년 동안 243번 지원하고, 240번 탈락하면서 배운 점'이라는 포스팅이었습니다.
조회수 14,000회, 좋아요 173개, 댓글 27개를 기록하였습니다.

그리고 가끔 설문조사 포스팅을 올리기도 했었는데요. 가장 인기 있었던 설문조사로 '커피챗 할 때, 커피값은 누가 내면 좋을까요?'를 물어봤었는데, 많은 분들이 관심 주시고, 참여했었습니다. 이 포스팅은 조회수 3,900회, 좋아요 36개, 댓글 수 20개, 투표 참여자 252명을 기록했었습니다.

커피챗을 통해서 새로운 사람들과 소통하게 된 순
간들이 가장 기억에 남습니다. 그중에서도 특히 커
피챗을 통해서, 서로 응원하고, 조언을 해주던 분들
이 취업에 성공하거나, 링크드인에서 처음으로 글
포스팅을 올리면서 활발히 활동하는 모습을 보게
될 때면 마치 친한 친구에게 좋은 일이 생긴 것처럼
기분이 좋아집니다. 앞으로도 커피챗을 통해 좋은
인연을 지속해서 늘려가고, 계속해서 선한 영향력을
끼칠 수 있기를 바라고 있습니다.

| 윤 호(Ho Yoon) 대표

윤 호 대표님은 글로벌 그린 비즈니스(탄소배출권, 전기차 충전 등)
및 미얀마 시장 진출 전문가로 활동 중입니다.
링크드인에서 '커피챗의 달인'이라는 별명을 가지고 있는 대표님은
업무 현장과 다양한 분야의 사람들과의 소통에 관한 후기로
링크드인 유저들에게 많은 영감과 동기를 부여하고 있습니다.

🎤 자기소개를 부탁드립니다.

저는 종합상사 14년, 그린 비즈니스 사업 담당 2년의 경험을 포함 총 16년간 SK에서 직장생활을 했습니다. 2023년 3월에 개인회사 Cosmos Bridge Trading을 설립하여 아시아 지역 무역 중개와 판매 마케팅 사업을 하고 있고, Climate Tech 스타트업의 임원으로서 해외 진출과 투자유치 일도 병행하고 있습니다.

대기업 재직시절, 6년간 미얀마 주재원 근무 경험을 바탕으로 『ASEAN 주재원이 바라본 진짜 아세안』이라는 책에 공저로 참여, 미얀마 부분을 집필하기도 했습니다.

🎤 '커피챗의 달인'이라는 별명이 있으신데요.
  어떤 뜻인가요?

저는 제가 속한 산업의 관계자들과 링크드인에서 1
촌을 맺고, 업계 동향을 나누는 만남을 종종 가져왔
고, 그 내용을 사진과 함께 링크드인에 포스팅하기
시작했었습니다.

이후 만남을 확장해 더 많은 분야의 사람들을 만나
기 시작했고 그때의 느낌을 담은 커피챗 스토리를
연재하기 시작하여, 현재 그 포스팅 수가 150회를
넘었습니다.

이렇듯 링크드인에서 '커피챗 스토리텔러'라는 저의
또 다른 정체성으로 링크드인 유저분들과 좋은 관
계를 이어가고 있습니다.

🎤 링크드인 왜 좋은가요?

링크드인은 각 분야 전문가 기반의 소셜 플랫폼으
로, 다른 SNS에 비해 다양한 연결의 가치를 추구하

고 이를 통해 자기 성장을 도모하는 사람들이 많이
모여 있는 것 같습니다.

전 세계 사업가와 직장인 등 다양한 프로페셔널 배
경의 사람들과 연결될 수 있다는 점과 함께, 제가 쌓
아온 커리어 경험을 누군가에게 나눌 수 있다는 점
이 가장 큰 장점들인 것 같습니다. 현재 저는 이 플
랫폼을 통해 이전보다 더 넓은 세계를 경험하고 있
습니다.

🎤 링크드인을 잘 활용하려면 어떻게 해야 할까요?

아무래도 1촌 신청을 꾸준히 해 커넥션 수를 늘리는
게 좋습니다. 아무리 좋은 글을 올려도, 내 글이 많
은 사람에게 노출이 되지 않으면 효과가 떨어지니
까요.

그리고 포스팅과 함께 연결된 유저들의 글에 자주
반응해 주고, 댓글을 달며 공감과 응원을 해주는 것
도 매우 중요합니다.

예를 들어 저는 1촌을 신청하거나 받고 수락한 후에는 감사하다는 인사와 함께 제 소개를 간단히 담은 메시지를 드리는 편입니다. 큰 노력이 드는 건 아니지만, 이렇게 작은 정성을 담아 메시지를 보내는 사람이 의외로 많지 않습니다. 작은 정성이 큰 차이를 만들어 낸다는 점, 기억하시고 실천해 보실 것을 권장합니다.

마지막으로, 나를 온라인상에 드러내는 것에 대한 두려움을 깰 필요가 있습니다. 저의 경우에도 링크드인을 하기 전까지는 소셜미디어를 거의 하지 않았습니다. 작은 용기를 내어 글을 올리고, 다른 사람의 글에 반응하는 것이 더 많은 사람과의 연결로 이어지고 있고, 새로운 정보와 지식, 통찰뿐 아니라 그렇게 연결된 누군가와 함께할 새로운 기회 또한 가져다주고 있습니다.

 좋은 반응을 얻었던 포스팅이 있었다면?

가장 인기가 많았던 포스팅은 링크드인을 시작하는 분들께, '작은 용기를 내어 시작해 보세요.'라는 메

시지를 담은 글이었습니다. 조회수 15,000회, 좋아
요 270개를 받았습니다.

가장 조회수가 많았던 포스팅은 「유 퀴즈 온 더 블
럭」이라는 TV 프로그램에 출연하시기도 했고, 링
크드인에서 많은 팔로워를 보유하신 「구글 수석디
자이너 겸 작가님과의 커피챗」이었습니다. 조회수
17,000회, 좋아요 220개를 받았습니다. 확실히 인플
루언서의 효과가 대단하다고 느꼈습니다. 또한, 제
가 직장을 다니는 동안의 노력을 담은 글 「직장을
다니며 독립을 꿈꿨던 나의 노력 4+1가지」도 많은
직장인 분들의 공감을 받으며 조회수 17,000회, 좋
아요 220개를 받았습니다.

🎤 링크드인 하면서 보람된 순간은 언제였나요?

말씀드린 대로 저는 커리어 연차 · 산업 · 직무를 가
리지 않고, 다양한 분들을 링크드인을 통해 만나고
있는데요. 업계의 유명 인사뿐 아니라, 저처럼 평범
하지만 위대한 한 분 한 분과의 만남이 모두 의미가
있습니다. '열정적인 커피챗 스토리텔러'라는 정체

성을 통해, 낯선 사람들과의 대화가 상대적으로 익숙하지 않은 우리나라에서도 커피챗 문화 활성화에 조금이나마 기여하고 있다는 평가를 받을 때 가장 뿌듯합니다. "윤호 님의 커피챗 스토리를 재미있게 보고 있다.", "나와 비슷한 상황의 이야기라 공감이 간다.", "글에서 용기와 응원, 영감을 얻는다." 등의 반응을 얻을 때 보람을 느낍니다.

| 천연진(Yeonjin Cheon) 작가

마음 정원사 안나 천연진 님은 『인간관계가 힘들어서 퇴사했습니다』
저자이자 『사무실에서 우리 행복할 수 있을까?』라는
밀리 오리지널 연재 작가입니다.

링크드인에서 작가님의 공감되는 포스팅을 보고
필자가 먼저 1촌을 신청한 이후 직장생활에서 어려움이 있을 때마다
메시지나 대화를 나누었는데, 감사하게도 그때마다 진심으로 귀 기울여
들어주시고 조언을 해주셨습니다.
현재 직장인들을 위한 마음 치유 프로그램
INYF(It's Not Your Fault)를 운영하고 있습니다.

🎤 자기소개를 부탁드립니다.

안녕하세요. 저는 『인간관계가 힘들어서 퇴사했습니다』라는 책을 낸 작가이자 INYF라는 심리상담 서비스를 운영하고 있습니다. 11년간 직장생활 후에 현재는 다른 직장인들이 더 경쟁력 있게 사회생활을 할 수 있도록 마음을 치유하고 다스리는 일을 도와드리고 있습니다.

🎤 INYF(It's Not Your Fault)는 무슨 뜻인가요?

저는 사람의 마음에 관심이 많아서 학부로 심리학과를 공부하고, 외국계 기업에 입사해서 11년간 기획과 마케팅 업무를 경험했어요. 개인적으로 회사생활은 많은 것을 배우고 경험할 수 있었던 뜻깊은 시간이었습니다.

그런데 직장생활을 해보니 사람들은 일과 업무에 따른 부담으로, 때로는 사람들 간 관계에서 오는 갈등으로 상처를 받곤 하는데, 너무 참고 견디면서 그 상처가 곪는 것을 보곤 했습니다.

그래서 아픈 것을 드러내지 않고, 자기 자리에서 최선을 다해 씩씩하게 사회생활하는 직장인들을 위한 다른 차원의 마음 관리 서비스가 필요하다고 생각하였어요. 진지하게 상담을 받으러 가기 전에 스스로 자기 마음을 치유할 수 있는 무언가를 제공해 드릴 수 있지 않을까 해서 INYF를 기획하게 되었습니다.

🎤 링크드인을 처음 시작하신 이유는?

저는 링크드인에 입문하기 전 블로그, 인스타그램, 브런치 등 다양한 플랫폼에서 활동했었습니다. 하지만 이러한 채널에서는 광고 계정이 너무 많아서 진짜 저의 타깃 고객들에게 제 메시지가 잘 전달이 되지 않는 느낌이었어요.

그런데 링크드인은 한 사람의 출신 학교부터 경력

그리고 그 사람이 올리는 콘텐츠까지 한 번에 볼 수 있어 정말 신뢰가 갔었습니다. 제가 소통하는 대상들에 대한 정보를 확인할 수 있고 저의 정보도 보실 수 있어서인지 글을 올릴 때마다 예전과는 다르게 더 직접적인 반응을 얻을 수 있었어요.

특히나 저의 경우 직장생활을 하면서 어려움을 겪고 있는 분들에게 관심이 많아 링크드인은 그 어떤 플랫폼보다도 더 확실한 소통 창구가 된 것 같습니다.

🎤 다른 링크드인 유저들과 잘 소통하려면 어떻게 하면 좋을까요?

우선 먼저 믿을 수 있는 사람이라는 것을 보여주는 것이 중요한 것 같아요. 링크드인 계정을 만드셨다면 프로필에 되도록 자세하게 자기소개를 작성하고 신뢰할 수 있는 이미지가 담긴 사진을 꼭 올리시는 것이 좋습니다. 그리고 본인이 매력적으로 보일 수 있는 이력을 강조하거나 멋진 프로필 이미지를 올리는 것도 중요한 것 같습니다.

이렇게 신뢰할 수 있는 사람이라는 것을 어필한 다음에는 적극적으로 소통을 하시는 것을 추천해 드려요. 링크드인의 가장 큰 매력은 내가 필요한 사람을 정확하게 찾아주고 그분들께 바로 메시지를 보내고 소통할 수 있는 점입니다.

저 같은 경우는 조직문화와 개인의 마음 관리에 관심이 많기에 인사담당자분들과 커피챗을 자주 나누었고, 또 리더십과 코칭을 하시는 분들을 찾아서 대화하며 많은 인사이트를 얻을 수 있었습니다.

좋은 반응을 얻었던 포스팅이 있었다면?

제가 쓴 글 중에서 좋은 반응을 기록한 포스팅들은 지금 회사 생활을 하는 분들께 직접적인 도움이 되는 글, 당장 나와 내 주변 사람들에 대해 생각해 보고 일상에서 적용해 볼 만한 글, 혹은 생각해 보게 되는 글이 인기가 많았던 것 같아요. 다시 말하자면 실무적인 이야기와 팁을 공유하는 글이 인기가 많았던 것 같습니다.

링크드인을 통해서 직장생활에 어려움을 겪고 계신 분들과 연결이 될 때 보람이 되는 것 같아요. 어디서도 말하지 못했던 마음속의 어려움을 제게 털어놓아 주신다는 것 자체로 감사하고, 제가 그분들께 도움이 될 수 있다는 것에 큰 보람을 느끼는 것 같습니다.

최근에 도와드렸던 분도 너무나 훌륭한 분이신데 여러 가지 환경적인 제약으로 인해 많이 위축되고 자신의 미래를 제한적으로 한정해 놓으셨어요.

그분께 제가 알고 있는 지식을 동원하여 새로운 방향성을 제안해 드리고, 실천할 수 있는 계획을 세우도록 도와드리니 우울해 보였던 얼굴이 활짝 펴서 돌아가시는 데 정말 보람을 느꼈습니다.

| 김유리 코치

김유리 코치님은 중국, 베트남, 말레이시아의 국제학교에서
쌓은 오랜 경력을 바탕으로 현재, 교육 및 긍정심리상담 코치와
멘토로 활동하고 있습니다.

위트 넘치는 진솔한 경험담이 담긴 글 포스팅을 통해
저뿐만 아니라 일과 사람 관계에 지친 많은 링크드인 사용자에게
위로와 격려 그리고 응원을 전해주고 계십니다.

김유리(Yuri Kim) **코치**

🎤 자기소개를 부탁드립니다.

저는 1995년부터 중국 천진을 시작으로 호주 퍼스, 베트남 호찌민, 중국, 말레이시아 등에 걸친 다양한 국가에서의 경험과 함께 22년간 국제학교 교사로서, 동료 교사들과 학생들을 관리하는 리더로서 경력을 가지고 있습니다.

현재 국제연맹 인증 코치 자격을 가지고 있으며 긍정심리학 전문가로서 청소년, 학부모, 성인을 대상으로 코치와 멘토로 활동하고 있습니다. 또한 국제학교에서 학부모님들을 대상으로 한 워크숍과 강의를 진행하고 있습니다.

🎤 링크드인 어떻게 활용하고 계신가요?

국제학교라는 특정 커뮤니티 안에서 벗어나 다양한 분야의 사람들과 교류하며, 제가 활동 중인 분야에 대한 정보와 지식을 얻기 위해 링크드인을 활용하고 있습니다.

제가 올리는 글 포스팅과 댓글이 링크드인 유저들에게 위로와 도움이 될 수 있음에 저는 보람과 가치를 느끼고 있습니다. 또 한편으론 새로 시작하는 저의 코칭과 상담 활동을 알릴 수 있어 향후 사업을 성장시킬 기회가 될 수 있을 거라 기대하고 있습니다.

🎤 링크드인 왜 좋은가요?

링크드인은 전 세계의 다양한 배경에서 일하고 있는 개인의 '삶'이 '커리어'와 '일'이라는 공통된 주제로 함께하는 플랫폼입니다.

하지만 제가 경험한 링크드인은 커리어 개발뿐 아니라 유저 간 조언, 응원, 격려를 통해 함께 성장하고 지원해 주는 커뮤니티의 의미가 강합니다.

저는 현재 다양한 분야에서 일하시는 분들과의 연결을 통해 저의 좁았던 시야를 확장시키며, 새로운 세상을 경험하고 있습니다.

🎤 링크드인을 잘 활용하고 싶습니다.
어떻게 하면 좋을까요?

자신만의 고유한 스토리와 콘텐츠를 링크드인 안에서 잘 활용한다면 많은 링크드인 유저들과 공감대를 형성할 수 있다고 생각합니다. 전략적으로 1촌의 수를 늘려가는 것도 중요한 부분이라고 생각합니다.

이 과정에서 반드시 생각해야 하는 부분은 'Give and Take'의 원칙입니다. 즉, 다른 사람의 성장을 도우면서 나의 성장을 도모하는 것이 중요하다는 사실입니다.

공감되는 포스팅에 좋아요도 표시하고, 댓글과 포스팅을 통해 적극적으로 소통한다면 1촌의 숫자도 늘어나면서 동시에 좋은 인맥들과 탄탄한 관계를 만들 수 있을 것입니다.

🎤 가장 기억에 남는 포스팅은 어떤 것이었는지 알려주실 수 있으실까요?

「부정적 감정이 들 때」라는 포스팅은 12,980회의 최대 조회수와 좋아요 118개, 댓글 48개를 받았습니다. 제 경험을 바탕으로 한 이 글로 일상생활에서 부정적 감정을 다룰 때 어떠한 방식으로 대처할 수 있을지에 대한 간단한 팁을 제공했는데 유저들에게 많은 공감을 받았습니다.

그리고 「말레이시아 10년 차 기념」과 「커피챗 후기」를 함께 연결해서 쓴 포스팅에 조회 5,613회, 좋아요 153개, 댓글 80개가 달리면서, 인기 있었던 글 중 하나였습니다. 연결의 가치를 개인적 경험을 통해 전달한 부분이 공감을 얻어 좋은 기억으로 남아 있습니다.

EduchologyPlus+라는 이름으로 교육, 코칭, 멘토링 센터를 확장하며 전 세계에 있는 교육 기관과 한국의 공교육에도 기여하고 싶습니다. 특히, 청소년 학습과 멘털 관리가 하나로 융합된 교육 프로그램을 통해, 학생들이 사회의 일원으로서 자신의 역량을 최대한 발휘할 수 있도록 지원하고자 합니다.

그리고 '행복한 부모, 행복한 자녀'라는 슬로건을 바탕으로 행복한 가정을 만들기 위해 가족 구성원들 간의 상호 존중과 협력을 강조하는 교육 프로그램을 널리 알리고자 합니다.

앞으로 책 출판에도 도전해 보고자 하며, 웨비나 등을 통해 링크드인 커뮤니티와의 의미 있는 시간을 함께 나누고 싶습니다. 각자의 경험을 공유하고 함께 위로하며, 응원을 통해 성장할 수 있는 시간을 만들어 가려고 합니다.

소셜미디어를 통해 많은 사람을 알게 되고
함께 프로젝트를 하며 우정을 쌓을 수 있다는 사실을
2년 전엔 미처 알지 못했다.

이번 마지막 장에서는 링크드인에서의 인연으로 함께 집중해
프로젝트를 진행하기도 하고 토론을 벌여 업계와 새로운 분야에
눈을 뜨게 해준 고마운 1촌들을 소개하고자 한다.

Part 7

평범한 직장인, 글로벌 네트워퀸 되다

글로벌
기업가

│ 김태용(TaeYong Kim) 대표

- 現 EO Studio 대표 & 스타트업 콘텐츠 크리에이터
- EO Studio(이오 스튜디오)는 'The World Needs More
  Entrepreneurs'라는 비전을 가지고 스타트업 기업가
  정신을 전 세계에 알리고 있는 미디어 기업이다.
- 링크드인 팔로워 2만 3천 명

김태용(TaeYong Kim) 대표

 대한민국 스타트업 대표 유튜브 채널 EO의 김태용 대표님은 스타트업 온라인 매거진 EO Planet의 크리에이터를 모집하는 링크드인 포스팅을 통해 처음 연결되었다.

 이후 필자는 EO Planet의 인기 크리에이터가 되어 김태용 님과 한 파티 행사에서 인사를 나눌 수 있게 되었는데, 이때 스타트업과 유튜브 업계에서 유명한 분을 직접 만나게 되어 심장이 두근거렸던 기억이 있다.

 이제는 글로벌 EO 채널을 통해 대한민국을 넘어 전 세계 수많은 창업가에게 도전정신을 심어주고 계신 대표님의 앞으로의 행보가 더욱 기대된다.

ㅣ 클라우스 뷔헤이(Klaus Wehage) 대표

- 월스트리트저널 베스트셀러 『글로벌 클래스』 공동 저자
- 現 10X Innovation Lab 대표
- 실리콘밸리 포럼, 10X Innovation Lab에서의 업적을
  바탕으로 50여 개국 3천 명 이상의 경영진을 대상으로
  교육, 자문, 강연 진행
- 링크드인 팔로워 1만 5천 명

클라우스 뷔헤이(Klaus Wehage) 대표

월스트리트저널 베스트셀러『글로벌 클래스』작가인 클라우스 님은 링크드인 포스팅을 보고 필자가 1촌을 신청하면서 인연이 시작되었다. 당시 그는 글로벌 스타트업 행사 COMEUP 2022에 연사로 참여하기 위해 한국을 방문했다. 현재 대한민국 스타트업계의 최대 화두는 단연 '글로벌'이고 스타트업의 심장이라고 불리는 실리콘밸리의 전문가와 연결되는 것은 상당히 의미심장한 일이었다.

이후『글로벌 클래스』한국어판 출간을 위해 우리나라를 재방문하였을 때 스타트업계 네트워크를 통해 필자가 도움을 주었고 당시 함께했던 많은 분과 이제는 친구가 되었다.

클라우스 님은 스타트업 글로벌 진출 전문가로서 강연과 컨설팅 등 앞으로 한국에서도 다양한 활동을 할 예정이다. 그의 글로벌 진출 인사이트가 대한민국 스타트업계에 활력과 변화를 주길 기대해 본다.

| 윌 팬(Will Fan) 대표

- 現 Emobily Founder & CEO
- TEDx 연사
- G20 캐나다 대표
- 링크드인 팔로워 6천 명

캐나다의 연쇄 창업가이자 TEDx 연사로도 활동하고 있는 윌 팬 대표님은 코트라(KOTRA)에서 주관하는 인베스트 코리아 IR 행사장에서 만났다. 명함을 주고받고 나서 링크드인으로 이름을 검색해 보니 20대에 이미 IPO와 스타트업 EXIT을 경험한 유능한 CEO이자 투자가였다. Emobily는 전기 스쿠터와 같은 도심형 초소형 모빌리티를 개발하는 회사로 마이크로소프트 선정 유망 스타트업에 이름을 올리기도 했으며 Emobility 대만 글로벌 데모데이에서도 수상을 했다.

필자의 인터뷰 요청에 흔쾌히 수락해 주어 지속 가능성과 스마트 시티에 관한 그의 견해를 아티클화 할 수 있었다. 경영인과 투자자로서 화려한 경력에도 불구하고 겸손하고 진지한 그의 태도에 깊은 인상을 받았다. 윌 대표님은 끊임없이 진화하는 기업가 정신을 갖춘, 반드시 주목해야 할 인물이라고 생각하며 앞으로 지속 가능한 미래를 만들어 가는 그의 활약을 기대해 본다.

| 에런 맥대니얼(Aaron McDaniel) 교수

- 월스트리트저널 베스트셀러 『글로벌 클래스』 공동 저자
- 現 UC Berkeley, Haas 경영대학원 교수
- 핀테크, 모바일, 이커머스, 부동산 등 다양한 산업 분야에서
  회사를 설립, 세 번의 EXIT를 성공한 연쇄 창업가
- AT&T 최연소(27세) 지역 부사장 및 AT&T 다이아몬드 클럽
  (전 세계 상위 1% 영업 관리자)의 수상자로 선정
- 링크드인 팔로워 1만 명

에런 맥대니얼(Aaron McDaniel) 교수

『글로벌 클래스』한국어판 출간을 위해 한국에 방문한 에런 님은 글로벌 진출 세미나 현장에서 만났다.

UC Berkeley, Haas 경영대학원 교수로 재직 중인 그는 미국의 유명한 스타트업 TV 프로그램「Shark Tank」에 출연했던 기업가이기도 하다.

핀테크에서 부동산 분야에 이르기까지 기업가로서 많은 성공 경험을 가지고 있는 그가 앞으로 한국 스타트업에게 어떤 글로벌 진출 가이드를 제공할지 기대된다.

| 좌측부터 이복기 대표, 최동미

- 現 원티드랩 Founder & 대표이사
- 스타트업에서 시작해 코스닥 상장사가 되기까지 원티드랩을 이끌어 온 전문경영인
- 원티드랩'은 커리어 콘텐츠와 AI 기술을 활용한 채용 매칭 서비스를 제공하는 HR 테크 기업이다. 주요 고객인 스타트업에게 HR 서비스를 제공하고 있으며 스타트업 생태계에서 중요한 역할을 하고 있다.
- 링크드인 팔로워 3천 명

이복기(Bokkee Lee) 대표

HR 테크 기업 '원티드랩'의 공동대표 이복기 대표님은 구글 스타트업 캠퍼스에서 열린 '원티드-C포럼 Go Global' 이벤트 현장에서 인사를 나누었다.

IPO에 성공한 기업가로 많은 스타트업에 귀감이 되는 대표님은 현재 원티드랩 서비스의 글로벌 사업확장에 많은 시도를 하고 있다고 했다. 글로벌 포럼에서 해외 진출 과정에서의 어려움과 시행착오에 대한 경험을 솔직하게 나누어 주셨던 것이 기억에 남는다.

'원티드랩'의 글로벌 진출 성공을 진심으로 응원한다.

| 고아라(Ara Koh) 대표

- 現 W+EAST Creative Studio CEO
- 롯데월드 '로티프렌즈' 스토리보드, 일러스트 작화 담당
- 인천공항철도, 축협 등 웹툰 제작
- '쉽팜 인 메타랜드' 아트 디렉터, PM
- '쉽팜 인 슈가랜드' 아트 디렉터, Co-founder
- 인스타그램 팔로워 2천 명

고아라(Ara Koh) 대표

　고아라 대표님은 밝고 재치있는 웹툰으로 링크드인을 환하게 밝혀주는 분이다. 필자와는 메시지를 주고받다가 커피챗을 통해 더 친해지게 되었다. 현재 '잉크드인' 웹툰 시리즈로 링크드인 안에서 센세이션을 일으키고 있는 크리에이터다.

　인플루언서들의 인플루언서로 현재 입지를 굳히고 있는 대표님은 인스타그램에서도 2천 명의 해외 팔로워를 보유하고 있다.

　대표님은 링크드인 친구들과 인플루언서들을 캐릭터화하고 스토리로 만들어 유저들에게 큰 즐거움을 주고 있다. 비즈니스와 창작의 경계선을 넘어 언제나 새로운 일에 도전하는 대표님의 미래의 더 큰 활약을 기대해 본다.

| 김광정(Ken Kwangjung Kim) 대표

- 現 스크리나(Screena) 대표
- 스크리나는 OTT 콘텐츠를 실시간으로 함께 감상하고
  즐길 수 있는 와치 파티 플랫폼과 버추얼 에셋을 전문적으로
  유통하는 Synculab을 운영
- 메타버스 & 블록체인 전문가
- 샌드박스의 '우영우 메타버스 프로젝트' 자문
- Web 3.0 SNS Link3 5천 명, Phaver 6,500명 팔로워 보유

김광정(Ken Kwangjung Kim) 대표

김광정 대표님과는 영화, 웹툰, 드라마, 애니메이션 등 콘텐츠 제작자와 메타버스 전문가를 대상으로 하는 '스크리나 NFT 스터디 모임'을 통해 처음 알게 되었다. 덕분에 필자도 처음으로 블록체인 생태계를 경험해 볼 수 있었고 많은 크리에이터들과 교류할 수 있었다.

대표님은 블록체인 기술, NFT, 메타버스 등이 활용되는 새로운 메타버스 세상을 더 많은 사람들이 이해하고 이에 대비하도록 전문가로서의 인사이트를 공유하고 있다.

앞으로도 일반인들이 Web 3.0 세상에 더 쉽게 접근하고 콘텐츠 사업자들이 메타버스와 블록체인 기반의 혁신적인 비즈니스를 할 수 있도록 업계의 Thought Leader 역할을 해주시길 기대한다.

┃ 김우진(Andy Woojin Kim) 대표

- 現 비즈니스 캔버스 CEO & Co-founder
- 비즈니스 캔버스는 B2B 기업의 문제 해결을 도와주는
  소프트웨어 개발사로 Typed(문서협업 툴),
  Re:catch(세일즈 모델링), Typed Finance(파이낸셜 모델링)
  서비스를 제공하고 있다.
- 런던정치경제대학교 국제 경영학 석사 졸업,
  링크드인 팔로워 3,800명

비즈니스 캔버스는 몰입도 높은 온라인 스타트업 행사를 열고 있는데 매번 500명이 넘는 참여자를 끌어모으는 것으로 유명하다.

김우진 대표님은 한 스타트업 투자유치 전략 세미나에 강연자로 오셨고 이날 처음 직접 인사를 드릴 수 있었다.

비즈니스 캔버스는 투자 혹한기의 필수전략으로 떠오른 세일즈와 파이낸셜 모델링에 관한 신사업으로 현재 업계에서 주목받는 중이다. 앞으로도 글로벌 진출을 포함한 다양한 도전과 성공의 소식으로 기업과 창업생태계에 긍정적 역할을 해주길 기대해 본다.

| 좌측부터 고든 더들리 대표, 최동미

- 現 RDI Worldwide Founder & CEO
- RDI Worldwide는 대한민국 및 해외에 지사를 둔
  글로벌 인재 채용 서비스를 제공하는 HR 전문기업이다.
- 링크드인 팔로워 2만 명

고든 더들리(Gordon Dudley) 대표

고든 대표님은 아시아 최대 규모의 스타트업 전시회인 Next Rise 행사장에서 만났다. 한국인과 결혼해 두 자녀를 둔 대표님은 한국 스타트업에게 HR 서비스를 제공하고 있다.

고든 대표님은 직접 강남의 이곳저곳을 걸으며 HR 인사이트를 전하는 영상 포스팅으로 링크드인에서 아주 유명하다. 기업가로서 도전하는 모습 그리고 자기 일에 열정을 쏟는 그의 모습은 많은 팔로워들에게 영감을 주고 있다.

앞으로 HR 전문성을 바탕으로 대한민국 글로벌 창업 생태계 조성에 더 많은 역할을 해주길 기대해 본다.

생명과학 및 IT 분야 전문가

| 이대욱(Daewook Lee) 상무

- 現 한국노바티스 임상의학부

  CV&GTx Medical Director and Medical Franchise Head
- 영국 Warwick 의대 졸업
- 미국 Harris College of Business(Faulkner University)

  Executive MBA 졸업
- Rare Disease International(RDI)

  WHO virtual consultation 자문
- 링크드인 팔로워 3,000명
- 이대욱 상무님은 프로페셔널한 자기관리 속에서도 가족과의

  시간을 소중히 여기는 슈퍼 아빠이자 슈퍼 직장인이다.

이대욱(Daewook Lee) 상무

영국에서 의대를 졸업한 이후 글로벌 제약사에 이르기까지 네 번의 커리어 피봇팅 경험을 링크드인 라이브를 통해 공유해 주었다. 그리고 '시간 관리의 달인'이라는 주제로는 필자와 함께 유튜브 영상을 제작해 링크드인 유저들로부터 공감을 얻기도 했다.

필자가 어려운 고민이 있을 때마다 경험에서 오는 진솔한 조언과 따뜻한 마음으로 격려를 해주시는 고마운 분이시기도 하다.

앞으로도 자기 계발과 커리어 성장을 원하는 분들을 위한 통찰력 있는 조언을 통해 더 많은 선한 영향력을 끼칠 수 있기를 기대해 본다.

| 이시연(Siyeon Rhee) 박사

- 現 스탠퍼드 의대 Instructor
- 바이오 1만 명 커뮤니티 K-BioX 대표 운영위원
- 링크드인 팔로워 9,400명

이시연 박사님은 6년 전 스탠퍼드 대학교 연구원 모임(KOLIS Stanford) 대표를 맡고 계셨고 당시 필자가 진행했던 바이오텍 전문가 영상 제작에 함께해 주셨다.

그리고 1년 전 링크드인을 통해 다시 연결되어 자주 소통하고 있다. 올해 고려대학교에서 K-BioX SUMMIT 행사를 주관하셨는데 이때 처음으로 직접 얼굴을 뵙고 인사를 드릴 수 있었다.

이시연 박사님은 필자가 봐온 그 어떤 커뮤니티 운영자 중 가장 순수한 열정과 추진력을 가진 분이라고 말할 수 있다. 이분의 헌신으로 K-BioX는 온·오프라인에서 모두 역동적으로 운영되고 있고 이것은 바이오 전공자와 학계 전문가, 그리고 바이오텍 기업들의 교류가 활발하게 이루어지는 원동력이 되고 있다. 앞으로도 해외의 좋은 인재들이 한국의 바이오 기업에 더 많이 연결되어 한국의 생명공학 산업이 성장하는 데 큰 역할을 해주시길 기대해 본다.

| 고동일(Diko Ko) 시니어 엔지니어

- 現 몰로코(Moloco) 시니어 소프트웨어 엔지니어
- 게임회사 Singta Inc. Altwave Lab,

  Inc. Founder & COO 역임

고동일(Diko Ko) **시니어 엔지니어**

애드테크 기업 몰로코의 시니어 엔지니어 고동일 님은 8년 전 필자가 실리콘밸리 견학을 위해 탔던 샌프란시스코행 비행기의 옆좌석에 앉은 것을 인연으로 소셜 미디어를 통해 지속적으로 소통해 오고 있다.

당시 고동일 님은 실리콘밸리에서 열리는 Apple 콘퍼런스에 참석하러 가시던 길이었고 게임회사 창립멤버 및 경영진으로 근무하던 때였다. 현재는 한인이 창업한 실리콘 밸리 IT 회사인 몰로코에서 근무하고 있으며 스타트업에서 유니콘으로 성장하고 있는 기업의 소식과 회사에서의 일상을 매일 포스팅으로 전해주고 계신다.

작년 한국에 오셨을 때 담소를 나누며 근황을 전해주시기도 했다. 앞으로 실리콘밸리 스타트업에서의 다양한 경험을 대한민국 스타트업에 전해주시길 기대해 본다.

| 이승환(Seunghwan Lee) 박사

- 『AI 시대 절대 대체되지 않는 슈퍼 개인의 탄생』 저자
- 現 국회미래연구원 소속
- 한양대학교 경영전문대학원 겸임교수
- 소프트웨어 정책연구소 Research Fellow 역임
- 삼성경제연구소 Research Fellow 역임

이승환(Seunghwan Lee) 박사

최근 ChatGPT와 같은 생성형 AI 열풍 속에서 미래를 위한 어떤 지식을 가져야 할지 고민하던 중 페이스북에서 이승환 박사님의 신간을 소개하는 포스팅을 보게 되었다. '좋아요'를 누르고 댓글을 달면서 박사님과 소통이 시작되었고 링크드인에서도 1촌이 되었다. 현재는 베스트셀러가 된 도서 『AI 시대 절대 대체되지 않는 슈퍼 개인의 탄생』은 미래를 바라보는 세계관을 변화시켜 줌과 동시에 신선한 충격을 안겨주었다. 곧 인터뷰를 요청했는데 박사님께서 흔쾌히 허락해 주셨다.

때마침 생성형 인공지능에 대한 많은 관심이 쏟아지던 시기였고 어려운 분야이지만 박사님의 직관적이면서도 쉬운 설명으로 인해 이 아티클은 큰 인기를 얻었다. 다가올 미래를 잘 대비하도록 앞으로도 박사님의 인사이트를 강연과 저서로 더 많이 만날 수 있기를 기대해 본다.

| 김재승(Jaeseung Kim) 책임연구원

- 現 파이온일렉트릭 주식회사 기업부설 연구소 책임연구원
- 링크드인 댓글의 장인, 팔로워계의 인플루언서
- 링크드인 팔로워 1천 명

김재승(Jaeseung Kim) 책임연구원

김재승 책임연구원님은 1촌이 된 이후 필자의 대부분 포스팅에 댓글과 좋아요를 적극적으로 달아주시는 너무나 고마운 팔로워이다.

스타트업 중동진출 세미나 현장에서 처음 얼굴을 뵙고 인사를 나눌 수 있었다. 나름의 세계관과 위트를 가지시고 댓글을 달아주시는데 다른 유저와 인플루언서에게도 인기가 많은 독보적 팔로워이다.

이제는 1천 명의 팔로워를 보유한 인플루언서로 변모해 가고 있는 모습을 축하드리며 앞으로 전문 분야 외에도 더 다양한 활동을 링크드인을 통해 볼 수 있기를 기대해 본다.

스타트업 글로벌 생태계 전문가

| 김지혜(Jihye Kim) 상무

- 現 글로벌 스타트업 액셀러레이터 스파크랩(Spark Labs)의
  Managing Director
- 스파크랩(Spark Labs)은 국내 Top 액셀러레이터 중 한 곳이며
  매년 유망 스타트업을 발굴하고 후속 투자유치와 글로벌
  진출을 적극적으로 지원하고 있다. MC Hammer, 박찬호 등
  현재는 기업인과 스타트업 투자자로 변신한 글로벌 인사들을
  초청해 진행하는 데모데이 행사로도 유명하다.
- SM Entertainment, CJ E&M 등 국내 엔터테인먼트사
  인수 합병(M&A) 업무 담당
- 딜로이트 뉴욕지사 컨설턴트

김지혜(Jihye Kim) 상무

글로벌 액셀러레이터 스파크랩에서 근무하고 있는 김 지혜 상무님은 벤처캐피털리스트 과정을 함께 수료한 동기였다. 한번은 아산나눔재단에서 운영하는 마루 180 에서 직접 만나 담소를 나눌 기회가 있었는데 이때 필자 에게 스타트업 투자 연계에 대해 많은 조언을 해주었다.

김지혜 상무님은 엔터테인먼트사에서 M&A(인수 합병) 전문경력을 가진 스타트업계에 중요한 인재이다. 풍부 한 글로벌 경험과 재무적 통찰력을 가지고 있어 스타트 업이 현재의 복잡한 글로벌 금융 환경을 잘 헤쳐나갈 수 있도록 지원과 조언을 아끼지 않고 있다. 앞으로 스타트 업의 글로벌 생태계 구축에 큰 역할을 해주시길 기대해 본다.

│ 좌측부터 최영주 Program Lead, 최동미

- 現 Tenity의 Program Lead
- Tenity는 스위스에 본사를 둔 글로벌 스타트업 액셀러레이터
- K-Startup Center 싱가포르 매니저 역임
- 링크드인 팔로워 2천 명

최영주(Julie Youngju Choi) **Program Lead**

싱가포르 K-Startup Center에서 근무하실 당시 링크드인으로 처음 알게 된 최영주 Program Lead님은 현재 Tenity의 Program Lead 업무를 맡고 있다. 최영주 님은 싱가포르와 동남아시아 시장 진출을 목표로 하는 한국 스타트업과 글로벌 스타트업 모두에게 가이드를 제공하고 지원하고 있다.

올해는 한국에서 열린 글로벌 스타트업 행사 'Next Rise'에 Tenity사가 부스에 참여했고 그곳에서 인사를 나눌 수 있었다. 스타트업 액셀러레이팅 분야에 열정을 가지고 계신 최영주 님은 밝은 미소로 언제나 긍정적인 에너지를 나누어 주신다.

혁신과 비즈니스 개발의 세계적 허브인 싱가포르의 스타트업 분야에서 최영주 님의 더 많은 활약을 기대해 본다.

| 조나단 무어(Jonathan Moore) CIO

- 現 펜타플로 최고 혁신 책임자(CIO)
- 펜타플로는 스타트업 액셀러레이팅 프로젝트 컨설팅 전문기업
- 국내 최대 영어 피치 이벤트, 포디움 스타의 호스트
- Next Stage Studios 공동 설립 파트너
- 테크스타 및 500 글로벌 멘토
- 서울 명예시민
- 링크드인 팔로워 6천 명

조나단 무어(Jonathan Moore) CIO

조나단 님은 창업자와 멘토로서 10년 넘게 한국 스타트업 생태계에서 활동해 왔다. 현재 펜타플로에서 스타트업의 성장, 투자유치, 글로벌 진출을 돕기 위한 혁신적인 프로그램 개발과 운영을 담당하고 있다.

링크드인에서 몇 년간 서로의 활동을 지켜보다가 해외 투자유치와 IR 분야의 전문가인 조나단 님으로부터 조언을 얻기 위해 교류를 시작했다.

그는 에듀테크 스타트업을 공동 창업한 바 있으며 현재는 유니콘으로 성장한 스타트업의 마케팅을 총괄하기도 했다.

최근에는 컨설팅을 담당했던 50개 이상의 기업이 국내외 스타트업 혁신 대회에서 수상하는 성과들이 있었다. 앞으로도 더 많은 스타트업이 해외로 진출하고 한국 스타트업의 위상을 높이는 데 기여해 주시길 기대한다.

| 진대연(Daeyeon Jin) PM

- 現 뤼튼테크놀로지스 Product Manager
- Evernote, mmhmm, Chegg, Awair 등
  실리콘밸리 IT 회사 APAC 담당
- Flow, Allganize, Collabee 스타트업 Growth 부문 역임
- 뉴스레터「당근메일」및 Fansaastic 커뮤니티 운영
- 『에버노트에 날개를 달자』, 『역발상 트렌드 2023』 저자
- 링크드인 팔로워 1,400명

현재 생성형 인공지능 개발기업 뤼튼테크놀로지스의 PM으로 일하고 있는 진대연 님은 직접 행사 운영을 총괄한 글로벌 세미나 현장에서 처음 만나 뵙게 되었다.

현재 가장 주목받는 생성형 AI 유저를 대상으로 행사를 개최하는 등 역동적으로 일하는 모습이 담긴 사진 포스팅과 도전의 과정에서의 어려움, 성취감 등에 관한 글 포스팅을 SNS에 게시해 주고 계셔서 '댓글'과 '좋아요'로 소통하는 중이다.

앞으로 전문가로서의 저술 활동과 다양한 커뮤니티 활동을 통해 스타트업 생태계에 인사이트를 계속 공유해 주시길 기대해 본다.

| 안동옥(Riso Dongok Ahn) 대표

- 現 The Garrison 대표
- Garrison은 외국인 창업가들을 위한
  공유오피스 및 창업 컨설팅 전문기업
- Startup Grind와 Foreign Entrepreneurs Club
  커뮤니티를 운영
- 한국 액셀러레이터협회와 함께
  Cross Border Startup Ecosystem Builder Forum 운영
- 링크드인 팔로워 1,500명

안동옥 대표님은 Entrepreneurs Night이라는 글로벌 스타트업 이벤트에서 직접 뵈었는데 필자를 보시자마자 인플루언서라고 하시며 반갑게 인사를 건네주셨던 기억이 있다.

글로벌 창업가 커뮤니티를 운영하고 계셔서 최근의 한국의 스타트업 글로벌 생태계 조성에 있어 중요한 역할을 담당하고 있으며 외국인 창업가를 위한 다양한 프로그램도 운영하고 있다.

필자는 앞으로도 안 대표님과의 인연이 글로벌 창업 생태계 확충을 위한 실질적인 협력으로 시너지를 낼 수 있기를 바라고 있다.

| 윤종천(CJ Youn) 대표

- 現 Forward Founder & CEO
- Forward는 해외 기업의 한국시장 진출과 이에 필요한
  사업개발을 돕는 컨설팅 서비스를 제공
- Global Class 서울 City Lead
- Founder Institute 창업 멘토

윤종천 대표님은 글로벌 진출전략 세미나에서 처음 인사를 나누게 되었다. 외국인 창업가 대상 한국시장 진출과 사업개발 컨설팅 분야의 전문가이다. 또한 이커머스, SaaS, 헬스케어 분야에서도 창업한 경험이 있어 여러 스타트업 행사에 멘토와 연사로 초청을 받고 있다.

'글로벌 클래스'에서 운영하는 글로벌 커뮤니티 멤버로서 서울 지역 City Lead를 맡아 활발하게 활동하고 있다. 앞으로도 한국의 글로벌 창업문화 확산에 좋은 역할을 하실 것으로 기대된다.

콘텐츠 크리에이터

Ⅰ 김지윤(Jiyoon Kim) 에디터

- 現 이오플래닛(EO Planet) 에디터
- EO Planet은 EO 스튜디오에서 운영하는 온라인 웹진

김지윤(Jiyoon Kim) 에디터

　김지윤 에디터님은 EO Planet 크리에이터에 지원했을 때 멋진 제목을 붙이고 가독성 있게 글을 포스팅하는 법을 알려주신 분이었다. EO Planet에 조회수가 보통 1만 회 이상 나올 정도로 인기가 많은 유명 콘텐츠 크리에이터이시기도 하다.

　필자가 새로운 글을 쓰다가 문득 '계속하는 것이 맞나?' 하는 의문이 들 시점, '댓글'과 '좋아요'로 응원해 주셔서 다시 용기를 내어 글쓰기를 했던 기억이 있다. EO 팀 한 분, 한 분 모두 실력과 함께 겸손함을 겸비한 분들이다. 앞으로도 필자와 같이 처음 글쓰기에 도전하는 분들은 이런 좋은 에디터들이 있는 EO Planet 크리에이터에 도전해 보길 권하고 싶다.

| 제레미 온(Jeremy on) 컨설턴트

- 現 대만 스타트업 'Pano Education'의 명문대 입시 컨설턴트
- 1:1 화상영어 앱 Ringle(링글) 튜터
- M&A, 벤처캐피털, 에듀테크 분야 경력
- 미국, 싱가포르, 한국, 대만 근무 경험
- Amory 대학 경제학, 수학, 영어 전공

제레미 온(Jeremy on) 컨설턴트

제레미 님은 Ringle이라는 화상영어 앱의 튜터로 처음 알게 되었고 이후 링크드인에서도 1촌을 맺었다. 올해 친구의 결혼식으로 한국을 방문했을 때 직접 만나서 이야기를 나눌 기회도 있었다.

총 4개국에서 일을 해본 경험이 있는 그는 아버지가 한국인이기도 하며 다양한 문화에 대한 풍부한 지식을 가지고 있다.

제레미 님은 대학신문 편집장을 한 적이 있는데 필자의 아티클에 멋진 제목을 붙여주어 필자가 많은 분들로부터 사랑받는 크리에이터로 성장하는 데 큰 도움을 주었다.

앞으로도 자신이 원하는 분야에서 경력을 쌓아가고 콘텐츠 크리에이터로서 성장하는 모습을 기대해 본다.

| 좌측부터 신윤주 에디터, 최동미

- 現 이오플래닛(EO Planet) 에디터
- EO Planet은 EO 스튜디오에서 운영하는 온라인 웹진

신윤주(Yunjoo Shin) 에디터

신윤주 에디터님은 필자가 EO Planet의 크리에이터가 된 후 링크드인에서 자주 '댓글'과 '좋아요'로 소통하는 중이다. EO Planet은 크리에이터 사후 관리를 너무나 잘 해주신다. 1년 사이 두 번이나 크리에이터인 필자와 온라인 미팅을 진행해 향후 글쓰기 방향에 대한 따뜻한 조언을 해주셨다.

어느 날 스페인에서 온 유튜브 크리에이터가 주최한 파티에서 직접 뵐 기회가 있었는데 너무나 반가웠다.

EO Planet에 계속 글을 기고하게 된 것은 이런 좋은 분들과의 인연을 지속하고 싶기 때문이었던 것 같다.

글쓰기가 힘들 때도 있지만 EO 콘텐츠 팀의 격려로 언제나 다시 노트북을 켜고 쓰기를 지속할 수 있었다. 앞으로도 EO Planet의 더 많은 성장을 기대한다.

| 변재일(Brasley Byun)

- 現 SAP STAR(Student Training And Rotation) 인턴
- Curiosity Project Team
- 정수장학회 장학생
- 2019 중앙대학교 독서토론 대회 우승
- 링크드인 팔로워 3천 명

변재일 님은 링크드인 인플루언서 Ho Yoon 님 그리고 Tyson Junho Moon 님 등의 활동에 영감을 받아 링크드인 크리에이터로서의 여정을 시도하며 다양한 포스팅을 유저들과 공유하고 있다.

변재일 님과는 커피챗을 통해 처음 뵈었지만, 필자가 하는 일과 현재의 어려움 등 솔직한 대화를 나눌 수 있을 정도로 진솔함이 느껴진 분이었다. 그리고 어려운 순간마다 링크드인을 통해 사람들과 소통하며 위로와 격려를 받고 있다는 점을 말해주었다.

현재 변재일님의 커피챗과 직무 경험에 관한 포스팅을 통해 많은 분이 일과 삶에 대한 강한 동기를 받고 있다.

앞으로 원하는 분야의 전문가로서의 더 큰 성장과 링크드인 인플루언서로서의 멋진 활동을 기대해 본다.

글로벌
네트워킹
전문가

┃ 이현채(Hyun Chai Lee) 시니어 디렉터

- 現 몰로코(Moloco) Head of SGE(Scaled Growth Enablement)

- 前 Head of APAC DSP Business 역임

- 몰로코(Moloco)는 머신러닝 기반 첨단 광고 솔루션 IT 기업

- Google, Meta 어카운트 & 파트너십 매니저

- 링크드인 팔로워 3,700명

이현채(Hyun Chai Lee) 시니어 디렉터

몰로코 한국지사를 방문한 적이 있었는데 이날의 글로벌 진출전략 강연자인 이현채 시니어 디렉터님을 직접 만나 뵐 수 있었다. 미국 실리콘밸리에 본사를 둔 몰로코사는 한국인이 설립한 회사로 해외 진출을 꿈꾸는 한국 스타트업의 모범이 되는 기업이라고 할 수 있다.

이현채 님은 아시아 전역에서 IT 솔루션 영업을 담당한 풍부한 경험을 가지고 있어 현재 몰로코사에서 SGE 부서를 이끌고 있다.

강연에서 공유해 주신 글로벌 진출 경험은 기업 관계자들에게 큰 도움이 되었고 필자에게 스타트업 미디어사 인맥을 소개해 주시기도 했다. 앞으로도 스타트업의 동남아 시장 진출에 관한 많은 조언과 인사이트를 공유해 주길 기대해 본다.

| 크리스토퍼 라이(Christopher Lai) 지사장

- 現 홍콩무역발전국(HKTDC) 한국지사장
- 아시아 금융 중심지이자 글로벌 비즈니스의 관문인

  홍콩과 전 세계 교류 증진을 위해 설립된 준정부기관
- 링크드인 팔로워 6,600명

크리스토퍼 라이(Christopher Lai) 지사장

크리스토퍼 지사장님과 링크드인을 통해 연결된 후 필자는 홍콩무역발전국과의 공동 기획을 통해 홍콩의 금융과 스타트업 전문가들을 초빙, 글로벌 전략 세미나를 개최할 수 있었다.

그는 매우 광범위한 글로벌 네트워크를 보유하고 있으며 금융과 무역 분야에 풍부한 지식을 가지고 있어 해외 진출과 투자유치를 준비하는 기업인들에게 도움을 줄 수 있는 전문가라 할 수 있다.

한국과 홍콩 간 협력을 위해 바이오, 핀테크 등 다양한 분야의 행사를 개최해 왔고 특히 글로벌 트렌드를 소개하고 네트워킹 기회를 제공하려는 그의 노력은 기업 성장에 촉매제가 되고 있다.

| 김영한(Josh Kim) 파트너 매니저

- 現 G-P(Globalization Partners) 파트너 매니저
- 아시아 주요 국가의 글로벌 파트너 발굴을 담당
- ㈜대교 상해, 홍콩법인 주재원
- ㈜대교 글로벌 영업 및 제휴 담당
- 링크드인 팔로워 2,700명

김영한(Josh Kim) 파트너 매니저

김영한 매니저님은 온라인 커피챗을 먼저 요청해 주셨고 처음 서로 인사를 나누었다. G-P는 보스턴에 본사가 위치한 글로벌 HR 솔루션 기업이다. 그는 해외 진출에 필요한 인재 채용에 관한 정보와 인사이트를 가지고 있어 글로벌로 나가고자 하는 기업에 많은 도움을 주고 있다.

매니저님은 이전에 홍콩과 상하이에서 근무하며 B2B 영업 및 파트너십 분야에서 상당한 네트워크를 구축한 경험이 있다. 그리고 현재 G-P에서는 한국뿐만 아니라 중국, 홍콩, 일본까지 업무 영역을 넓혀가는 중이다.

앞으로 그의 글로벌 HR 인사이트와 네트워크가 국내 스타트업의 글로벌 확장과 성장에 큰 도움이 될 것으로 기대한다.

| 안드리우스 샌카우스카스(Andrius Sankauskas) 참사관

- 現 주한 리투아니아 대사관 참사관
- 前 주중 리투아니아 대사관 참사관
- 링크드인 팔로워 2,200명

안드리우스 샌카우스카스(Andrius Sankauskas)
참사관

리투아니아 대사관에서 근무하고 있는 안드리우스 참사관님은 코엑스의 한 카페에서 만났다. 이 미팅을 통해서 줄기세포와 유전자 치료 분야의 바이오텍 기업이 유럽 시장에 진출하도록 지원하는 리투아니아의 스타트업 인큐베이션 정책에 관해 설명해 주었다.

리투아니아는 현재 바이오 기관과의 협력으로 한국 스타트업이 리투아니아 액셀러레이팅(육성과 투자) 프로그램에 참여해 유럽 시장 진출과 투자유치를 할 수 있도록 많은 도움을 주고 있다.

앞으로 EU(유럽연합)의 회원국인 리투아니아를 통해 한국의 더 많은 바이오텍 기업이 유럽 시장에 성공적으로 진출할 수 있기를 기대해 본다.

| 최종우(Jong Choi) 대표

- 現 M3 Global, LLC 대표
- 現 Global LAVA Korea 담당
- KOTRA(대한무역투자진흥공사)

  로스앤젤레스 & 시카고 무역관 역임
- 링크드인 팔로워 1,500명

최종우 대표님은 링크드인 메시지와 커피챗을 통해 처음으로 정보를 주고받기 시작했는데 몇 달간의 교류를 통해 스타트업 미국 진출에 대해 함께 고민하며 실제 프로젝트를 진행할 수 있었다. 바이오 스타트업의 미국 진출에 관한 온라인 세미나를 기획했고 미국 벤처캐피털을 대상으로 투자유치를 위한 IR 행사도 함께 성공적으로 운영할 수 있었다.

대표님은 코트라 시카고와 로스앤젤레스 무역관 경험을 바탕으로 현재 M3 Global LLC을 창업했다. 그리고 LA 벤처협회 한국 담당을 맡고 있으며 바이오텍을 포함, LA지역의 스타트업 생태계 활성화를 위해 많은 활동을 하고 있다.

앞으로도 기업의 성공적인 미국 시장 진출에 있어 훌륭한 교두보 역할을 해주시길 기대한다.

에필로그

링크드인 유저 중 상당수는 현재 있는 직장에서 전문성을 키워 회사와 함께 성장하려는 분들이다. 지금 이 시간에도 그들은 업계의 트렌드를 이해하고 실제에 적용해 가며 자기 계발에 힘쓰고 있다. 그런 면에서 링크드인은 아주 유용한 플랫폼이 아닐 수 없다.

업계뿐 아니라 다양한 분야의 사람들과 더 넓은 네트워크를 만들고 싶다면 지금 당장 링크드인에 접속해 보자.

좋은 정보는 결국 좋은 인재에게서 나온다. 다양한 인재와 직접 소통할 이런 기회들을 잘 활용한다면 현재 고민하는 커리어나 사업의 문제에 대한 해답을 더욱 쉽게 찾을 수 있을 것이다.

필자는 꾸준히 업계의 주요 기업과 인사들의 리스트를 숙지해 왔고 끈기 있게 1촌을 신청한 결과 그분들과 직접 소통할 수 있게 되었다. 이를 통해 짧은 기간 동안 내 분야의 트렌드를 빠르게 습득, 직업적으로 더 나은 성장을 할 수 있었다.

당장 1만 명의 네트워크를 만드는 것은 매우 어렵고 부담스럽게 느껴질 것이다. 하지만 선택과 집중으로 1천 명의 인맥을 만드는 것은 누구에게나 가능할 것으로 생각한다. 링크드인 포스팅으로 내 생각, 전문지식을 업계 사람들에게 알리며 적극적으로 소통해 보자. 곧 마이크로 인플루언서가 된 자신을 발견하게 될 것이다.

필자가 이 모든 도전을 통해 얻은 가장 큰 수확은 업계와 다양한 분야의 사람들에게 '나'라는 사람을 자신 있게 알리고 소개하게 되었다는 것이다. 그리고 어떤 일의 추진을 위해 네트워킹을 확장할 때 그 속도가 2배 이상 빨라진 것을 체감하고 있다.

아이디어가 생각났을 때 나중으로 미루거나 고민하기만 반복하면 하지 말아야 할 이유가 계속 떠오르기 마련이다. 그래서 필자는 링크드인과 크리에이터 활동에 있어 '즉시 실행'을 모토로 삼아왔고 그 시도의 결과들은 대체로 성공적이었다.

포스팅을 하고 싶은 마음은 있지만 여러 가지 이유로 실행하지 못한 분이 있다면 용기를 가지고 시도해 볼 것을 말씀드리고 싶다. 필자도 포스팅을 시도하기까지 오랜 시간이 걸렸다. 하지만 실행의 결과는 다양한 측면에서 좋은 결과를 가져왔고 생각 이상의 긍정적 효과를 경험케 했다.

필자의 경험에서 공유했듯이 일주일, 1개의 포스팅은 지금, 이 글을 읽고 있는 당신이 인플루언서이자 업계 전문가로 각인될 가장 빠른 길일 수 있다. 지금 바로 첫 번째 포스팅에 도전해 보자.

어느 평범한 직장인의

팔로워
1만명
만들기

초판 1쇄 발행 2023. 12. 21.

지은이 최동미
펴낸이 김병호
펴낸곳 주식회사 바른북스

편집진행 최동욱
디자인 W+East Creative Studio

등록 2019년 4월 3일 제2019-000040호
주소 서울시 성동구 연무장5길 9-16, 301호 (성수동2가, 블루스톤타워)
대표전화 070-7857-9719 | **경영지원** 02-3409-9719 | **팩스** 070-7610-9820

•바른북스는 여러분의 다양한 아이디어와 원고 투고를 설레는 마음으로 기다리고 있습니다.

이메일 barunbooks21@naver.com | **원고투고** barunbooks21@naver.com
홈페이지 www.barunbooks.com | **공식 블로그** blog.naver.com/barunbooks7
공식 포스트 post.naver.com/barunbooks7 | **페이스북** facebook.com/barunbooks7

ⓒ 최동미, 2023
ISBN 979-11-93647-34-9 03190